教育部人文社会科学重点研究基地

国家社会科学基金重大项目"三峡库区独特地理单元
'环境 - 经济 - 社会'发展变化研究"（11& ZD161）

Basin Economic Review

流域经济评论

（第二辑）

文传浩◎主编

科学出版社

北 京

图书在版编目 (CIP) 数据

流域经济评论·第二辑 / 文传浩主编. —北京：科学出版社，2016.10
ISBN 978-7-03-050150-9

Ⅰ. ①流… Ⅱ. ①文… Ⅲ. ①流域经济学-文集 Ⅳ. ①F061.5-53

中国版本图书馆 CIP 数据核字 (2016) 第 241312 号

责任编辑：杨婵娟 刘巧巧 / 责任校对：高明虎
责任印制：徐晓晨 / 封面设计：铭轩堂
编辑部电话：010-64035853
Email：houjunlin@mail.sciencep.com

科 学 出 版 社 出版
北京东黄城根北街 16 号
邮政编码：100717
http://www.sciencep.com
北京建宏印刷有限公司 印刷
科学出版社发行 各地新华书店经销
*

2016 年 10 月第 一 版 开本：B5 (720×1000)
2017 年 3 月第二次印刷 印张：13
字数：192 000
定价：**65.00 元**
(如有印装质量问题，我社负责调换)

前　言

　　大河流域孕育了大河文明。直到今天，人类在全力挣脱自然束缚，急速提高社会生产力的同时，依然没有改变自古以来逐水而居、依水而生的生计之道。在人类生产发展的历程中，水的传统生活功能也逐渐拓展成一种更加特殊的生产功能和生态功能。流域在为人类生产生活提供基础性自然资源的同时，也提供了重要的战略性经济资源。沿江防洪灌溉、水电开发、旅游发展和航运建设等日益成为当今时代流域开发建设的主要内容。

　　从沿海开放发展逐渐转向沿江沿河向纵深腹地梯度发展是世界经济社会发展的重要趋势，但绝不是经济社会发展的全部内容。持续大半个世纪的多瑙河、莱茵河及密西西比河等欧美著名大河开发建设在历史上留下了深刻教训：破坏环境终将得到大自然的惩罚，而人类善待自然，就是善待自己。"只懂索取，不顾回报"的传统狭隘发展模式已经让我们付出了沉重的代价，2004 年沱江特大水污染事故、2005 年北江镉污染事故、2007 年太湖水污染事件，以及2016 年重庆巫山千丈岩水库环境污染责任案依然历历在目。在中国经济增长放缓进入"新常态"后，长江经济带支撑东、中、西协同并进，统筹南北两岸双线发力，助力陆海联动发展，是未来国家经济新增长点的重要经济板块。而长江流域开发和生态安全保护之间矛盾突出，生态环境保护责任重大。或许正是基于国内外的惨痛教训，长江经济带流域开发的发展基调转向"大保护、小开发"。2016 年 1 月 5 日，习近平总书记在重庆召开推动长江经济带发展座谈会时指出，长江拥有独特的生态系统，是我国重要的生态宝库，当前和今后相当长一个时期，要把修复长江生态环境摆在压倒性位置，共抓大保护，不搞大开发。2016年5月4～8日，重庆市委书记孙政才用五天时间密集调研了长江沿岸11个区县，他在调研中强调要把绿色作为该市发展的本底，严守"五个决不能"底线，以"三个更加"和"三个最"来加强三峡库区和长江流域的生态环境保护。从政府官员到研究学者，关注流域开发与保护已经渐渐拉开序幕，在凝聚全社会共识中不断前行。

然而，流域不同于简单的行政区划，流域内跨区域补偿问题复杂，流域水电站建设不断上马，流域生态环境治理更加艰巨，流域移民安稳致富问题长期存在，实现流域可持续发展如"滴水穿石非一日之功"。因此，长期关注、深入研究流域问题是国家战略发展的切实需求，更是今后一个时期科学研究的主攻方向。

与比较成熟的区域经济学等相比，在大多数发展中国家，以流域为母体而兴起的流域经济学、流域管理、流域补偿等相关研究尚处于起步和探索阶段。笔者及所带领的学术团队长期关注并致力于流域发展，虽然目前的研究成果有限，在某种意义上，或许只是一些小分子研究工作，还远未达到意图构建发展中国家特色流域经济理论框架与实践探索的高度和境界，但对于流域研究的未来发展及打造我国流域经济学学术交流的支撑平台，不啻为一次有意识的大胆探索。本书是《流域经济评论（第一辑）》的延续和发展，旨在通过研究剖析流域建设发展过程中的重点问题、主要矛盾及发展水利水电的经验教训等内容，为流域经济、流域生态等相关方面的研究提供支撑。对于流域经济、流域生态研究而言，本书无论在研究方法还是研究内容上仍存在不足之处和改进空间，但是，以此为主要研究载体和成果至少表明流域经济初探已经正式启动了。相比《流域经济评论（第一辑）》，本书的特色更加鲜明、内容更加丰富。一是研究人员结构和层次更趋多样化，除大学教授等之外，也包含政府官员中的精英领导，更有博士研究生和硕士研究生等一批年轻学者，年轻学者精力充沛、思维活跃，对传统学术研究和新学科建立发展大有裨益。本书希望能够打破科研体系里面一系列束缚年轻人的条条框框，为更多的年轻学者提供从事科研的资格和途径，尤其鼓励更多的年轻学者从事流域经济领域的研究。二是在研究对象上更加丰富，涉及流域经济、流域管理、流域生态及流域可持续发展的相关研究成果，同时，也开辟了国外流域研究专栏，试图从本辑刊开始系统总结国外流域发展的有益经验，并详细介绍国外在流域经济学领域研究的最新进展和前沿研究。三是研究方法上更加突出思想上的创新，即不仅使用了计量研究方法这种有效的工具，辑刊在收录论文时还偏向于其折射的纯粹观点和学术思想，以期推动学术创新。

本书也包含了国家社会科学基金重大项目"三峡库区独特地理单元'环境-经济-社会'发展变化研究"（项目编号：11&ZD161）的研究成果。笔者及所带领的学术团队也始终围绕流域的综合开发利用展开一系列学术研究和实践探索。例如，进入后三峡时期，三峡库区生态环境保护形势依然严峻，水环境问题突出，在困局之中，根据库区实际发展情况，我们倡导在未来打造"协同、创新、绿色、共享、开放"的"五个一"工程的愿景行动。一是打造一个协同平台，由国务院三峡工程建设委员会办公室或者相关高校组织成立一个研究水利水电移民安稳致富、流域可持续发展的非营利性的水电库区研究院，围绕流域、水电库区和水利水电工程创建一个智库平台，成立一个旨在促进水利水电和流域可持续发展的学术交流、咨询服务、科普宣传、技术培训、科技考察的专业委员会或学会。二是建立一套创新成果，形成一套教材、一套集刊、一套专著、一套案例集等一系列成果，构建有中国特色的水利水电移民经济学理论框架体系。三是创建一个绿色网站，汇集关于流域研究的经济、社会、生态等多方面的研究内容，论文、杂志、视频、新闻等各类资料形式一应俱全。四是由政府、高校、智库机构、企业等多方协作联合建立一个水利水电库区安稳致富的共享特色大数据库，汇聚海量国内外关于水利水电研究的各类数据。五是举办一系列开放论坛，借鉴博鳌论坛、香格里拉会议等国际会议模式打造学术交流品牌，其中围绕长江上游地区经济社会发展，我们倡导打造"五大学术品牌"会议，即水利水电库区安稳致富国际研讨会暨和谐三峡高峰论坛、嘉陵江流域经济合作高端论坛、乌江特色经济走廊高峰论坛、成渝经济区区域合作高端论坛、长江上游经济区高峰论坛等长江上游地区经济社会可持续发展重大问题研究的学术品牌。

"路漫漫其修远兮，吾将上下而求索。"流域不同于路域，流域环境特殊，以水为载体的生态环境脆弱，沿途经济社会发展差异巨大，跨区利益相关者多重矛盾交织，流域是多样系统功能的承载体，也是多重问题的集合体。从学科归属上看，流域经济学应归于多学科交织的一门新兴学科，是理论研究与实践应用并重的一项复杂系统工程。诚如《流域经济评论（第一辑）》中所阐述的，流域经济学是一门不断发展的学科，具有无限的生命力，流域问题的研究探索，以及流域经济学与实践的构架理论体绝不是一朝一夕就能顺利完成的事业。我们现阶段的研究远远没有达到终点，也决不会停留在某一个阶段。我们也殷切希望与对流域经济富有浓厚兴趣的研究者携手，一同继续推动流域经济学的丰富和发展。

文传浩

2016 年 9 月 1 日

目　录

百万移民铸圆"三峡梦"*

陶景良

（国务院三峡工程建设委员会办公室　北京 100038）

1993～2009 年的 17 年间，在我国中西部的三峡库区，史无前例地完成了令世人震撼的百万移民大搬迁，在我国乃至世界工程移民史上写下了辉煌的篇章。截至 2009 年年底，湖北省、重庆市三峡库区共搬迁安置移民 130 万人，提前 1 年完成了初步设计规定的任务，为三峡工程的分期蓄水、顺利建成、正常运行和全面发挥巨大的综合效益做出了伟大贡献，为铸圆"三峡梦"立下了"汗马功劳"。

一、开发性移民使三峡库区发生了翻天覆地的变化

三峡工程蓄水至正常蓄水位 175 米时，形成的水库总长度为 663 千米，淹没陆域面积 632 平方千米，涉及湖北省、重庆市的 20 个区县。淹没地域之广、搬迁人口和城镇之多、人多地少矛盾之大、连片贫困区贫困程度之深，为世界

*作者简介：陶景良（1939—），男，河南开封人，教授级高级工程师，长期从事水利水电工程建设管理和移民管理工作。国务院三峡工程建设委员会办公室原巡视员，享受国务院特殊津贴专家。

工程移民史上所罕见。三峡工程成败的关键在移民。为了使百万移民能够"搬得出，稳得住，逐步能致富"，1993 年 8 月，国务院专门为三峡百万移民颁布了《长江三峡工程建设移民条例》；2001 年 2 月，根据出现的新情况、新问题，又进行了修订。该条例的颁布使三峡移民的搬迁和安置走上了依法移民的法制化轨道。

《长江三峡工程建设移民条例》规定："三峡工程建设移民，实行开发性移民方针。"开发性移民的精髓是在移民搬迁过程中，着力进行产品、产业、所有制结构调整，解放和发展生产力，促进移民的生产生活水平快速提高和库区经济社会快速发展。

在开发性移民方针指引下，1993～2009 年的 17 年间，三峡库区各级党委、政府带领广大移民干部和群众艰苦奋斗、攻坚克难，胜利完成了近 130 万移民的搬迁安置（其中 19.6 万农村移民出县外迁安置），这就意味着每 1000 个中国人中就有 1 个三峡移民；其中农村移民 55.07 万人，县城（城市）移民 58.16 万人，集镇移民 15.68 万人，中央直属企业和香溪河矿务局移民 0.73 万人。新建整体搬迁的县城 8 座，部分搬迁的城市 2 座、县城 2 座、新集镇 106 座；搬迁工矿企业 1632 户（小型企业占 98%），其中依法破产、关闭一批（1102 户），扶优扶强一批，与对口支援企业合作合资一批（搬迁的 530 户合并重组为 406 户）；新建各类房屋 5055 万平方米，中小学校 435 所，县级医院和医疗机构 84 所，图书馆、文化馆、影剧院 46 座，乡镇文化站 84 座，卫生院 103 座，村卫生室 847 个，文化室 850 个；还复建了等级公路 1320 千米，大型桥梁 222 座 42 500 延米，农村道路（含库周公路）4514.69 千米，县城（城市）港口 10 座，集镇码头 74 座，以及大量输变电和通信广播线路等基础设施；文物保护完成了当今世界上规模最大的地面文物保护和地下文物发掘。三峡移民十分重视生态环境保护，实行了地质灾害防治和水污染防治。城市、县城和 I 类集镇建设了污水处理厂和垃圾填埋场，II、III 类集镇建设了污水和垃圾处理设施；对上千处地质灾害分别进行了工程治理、搬迁避让和监测预警；还实行了天然林保护、长江防护林建设、退耕还林、库周绿化带建设、封山育林、畜禽养殖污染治理、生态环境持续性监测等。

三峡移民完成的实物工程量是巨大而惊人的，百万移民以自己的智慧和血汗使三峡库区发生了翻天覆地的变化。

新城镇占地规模与旧城镇占地规模相比较，平均扩大了 2.3 倍，最大的扩大了 2.65 倍。新城镇的用水、用电容量，排水、环卫设施，道路、消防、公共绿地等，都是按照住房和城乡建设部规定的标准进行建设的。短短十多年的时间里，三峡库区一座座令人赏心悦目的新城镇拔地而起，移民群众异口同声地称赞说：功能齐全、布局合理、交通便利、环境优美的新城镇，与拥挤、破旧、没有发展余地的旧城镇相比，起码前进了 30 年。更令人惊异的是，三峡库区每个县都建起了长江大桥，巫山县近 10 年新建大型桥梁 20 座，比前 200 多年修建的总和还多。经过结构调整的工矿企业成了新的经济增长点，现代农业和旅游业蓬勃发展，柑橘、茶叶已成为三峡库区的支柱产业。

1992 年至 2013 年年底，三峡库区 20 个移民区县，第一、第二、第三产业比重由 40：30：30 调整为 10：55：35；地区生产总值由 151.81 亿元增长至 5708.26 亿元，增长 37.6 倍；地方财政收入由 9.17 亿元增长至 360.23 亿元，增长 39.3 倍；城镇居民人均可支配收入 23 204 元，增长 13.5 倍；库区农村人均纯收入 8775 元，增长 15.2 倍。更令人可喜的是，库区各级干部和广大移民群众的改革、开放、创新意识显著增强，使库区经济社会得到快速发展。

二、三峡移民精神感动中国

2002 年，中央电视台的《感动中国》节目，把特别大奖授予了三峡工程百万移民这一英雄群体。百万移民舍小家、为国家的爱国、拼搏、奉献、协作和创新精神，震撼和感动了全国亿万人民。三峡库区百万移民在搬迁安置的伟大实践中，铸就了 "顾全大局的爱国精神、舍己为公的奉献精神、艰苦拼搏的创业精神、万众一心的协作精神、开拓奋进的创新精神" 这一具有鲜明中国社会主义特色的三峡移民精神。

百万移民祖祖辈辈生活在长江边，那里的一草一木、一人一事都饱含着他们难以割舍的浓浓乡情。他们有的就近后靠，有的拜谒祖坟后怀揣着家乡的泥土远迁他乡。他们这种舍小家、为国家的壮举，就是爱国精神的集中体现。有的移民对搬迁曾经有过彷徨、观望，甚至反对、刁难，但是，当他们认识到搬迁是为了使江汉平原和洞庭湖区的1500万人民免受洪水灾害之后，他们毅然决然地选择了主动搬迁，充分展现了宽广胸襟和高尚情操。

移民工作难，移民工作苦。广大基层移民干部"以移民为先、以移民为重""先移民之忧而忧，后移民之乐而乐"，全心全意为移民服务，塑造了新时期人民公仆的良好形象。为了完成艰巨的移民任务，多少党员干部殚精竭虑、呕心沥血，甚至付出了宝贵的生命，充分体现了他们舍己为公的奉献精神。

由于篇幅所限，仅举几例。被誉为移民先锋的冉绍之，带队沿长江5次勘察安置地点，步行150多千米，最终使全社43户居民全部同意搬迁。2002年，冉绍之被选为党的十六大代表，如今，他依然战斗在库区移民工作第一线。冯春阳，重庆市巫山县一位临近60岁的老党员，2001年8月，在步行赶往偏远的青云村做移民工作途中，被突然而来的山洪卷走，以身殉职。叶福彩，重庆市云阳县高阳镇牌楼村党支部书记，在得知自己身患胃癌以后，更加投入地动员移民外迁；临终前，叶福彩唯一的请求就是把他安葬在三峡水库175米水位线上，让他看着乡亲们踏上移民搬迁的征程。张兰权，重庆市忠县监察局副局长，为了移民工作战斗到了生命的终点，年仅37岁，被中共重庆市纪委、重庆市监察局授予优秀纪检监察干部。湖北秭归县茅坪镇移民干部徐耀德，在修建风茅公路时突遇大塌方，他迅速撤离18位移民，自己却壮烈牺牲了，年仅38岁，被中共中央宣传部追授为优秀宣传干部。在三峡库区，每位区县、乡镇、村干部都是移民干部，任务层层落实到人。他们深入城市社区、农村院落，开展深入细致的思想政治工作。在街头巷尾、在田间地头，到处都有移民干部的身影。

三峡开发性移民取得的丰硕成果与广大移民群众自力更生、奋发图强、迎难而上、艰苦创业的拼搏精神密不可分。庞大的移民迁建、环境保护、地灾防治和文物发掘工程都是与洪水赛跑的工程，工期紧、质量要求高。座座新城镇、新学校、新医院、新大桥、新码头，条条开山劈石的新公路、输变电和通信线路，都是靠顽强的拼搏精神建设起来的。30多万就近后靠的农村移民，原来耕种的长江边的水田或菜地变成了山坡上的旱地，他们及时调整产品结构，在农技人员的帮助下因地制宜地种植果树，茶树、脐橙、椪柑、高山蔬菜、荔枝、龙眼、沙田柚等已成为三峡库区的支柱产业。外迁农村移民面对新的环境、新的耕作技术，迎难而上，咬紧牙关学习新知识，掌握新本领，很快融入当地社会，多数走上了致富路。

全国人民对口支援三峡移民；沿江、沿海的11个省市都拿出最好的地域和土地，积极接受重庆市外迁农村移民；湖北省、重庆市的非库区市县，倾全力支援库区县的移民安置和经济社会发展；都充分体现了万众一心的协作精神。外迁移民每到一地，都受到当地党委政府和乡亲们的热烈欢迎。当地干部和群众还给移民送来锅碗瓢盆、米油菜酱，让移民很快安顿了下来。为了让移民适应当地的生产环境和技术，尽快走上致富之路，当地政府安排技术人员，手把手地教会外迁移民。当前，外迁移民已经融入当地社会，正在致富奔小康。

更加感人的是，三峡移民时时怀揣着感恩之心。2008年5月12日，汶川大地震发生后，万州区移民马上将食品、药品和救灾物资送往灾区，卡车车身上的"三峡移民"4个大字格外醒目。2012年7月21日，北京市房山区突降特大暴雨而引发水灾，受过北京市结对支援的巴东县移民，在自己并不富裕的情况下，立即拿出500万元支援房山区抗洪救灾。

万众一心的协作精神，向世人展示了中华民族强大的凝聚力和社会主义制度集中力量办大事的优越性。

百万移民的搬迁和安置，无先例和经验可循。广大移民干部和群众以开拓奋进的创新精神走出了一条具有中国社会主义特色的百万移民之路。他们在实践中探索、总结、提炼出许多新理念、新机制、新方法、新路径以及思想政治工作新模式。深受移民群众拥护和称赞的"五公开"和"明白卡"就是诸多创新中的典型。"五公开"是每个村或社区都要做到移民政策公开、补偿标准公开、搬迁去向公开、移民名单公开、财务账目公开。"明白卡"

是发给每个移民户的卡片，上面清清楚楚地写明了补偿资金数额，搬迁去向、日期、方式等移民十分关心的问题。"五公开"和"明白卡"成了干群一条心、拧成一股绳的纽带。更加令人称赞的是，三峡库区各区县通过移民搬迁，由故步自封快速地走向了改革开放，不但积极改善投资硬环境，更是千方百计地改善投资软环境。

三峡移民精神是伟大时代的产物，是全党和全国人民的一笔宝贵精神财富，必将彪炳中华民族的史册！

三、全国人民对口支援三峡移民的凯歌激荡九州

1992 年年底，国务院决定由全国 19 个省（自治区、直辖市）①，10 个大中城市②，中央 40 多个委、部、局和大型国有企业对口支援三峡移民。其后，国务院出台了一系列优惠政策，使对口支援工作不断深化和提高。1995 年，国务院进一步明确了对口支援工作的方针是："优势互补，互惠互利，长期合作，共同发展。"17 年来，对口支援三峡移民工作经历了广泛动员、联姻结对，典型引导、重点突破，整体推进、合作共赢等阶段，形成了全方位、多形式、宽领域、深入持久的对口支援工作的大好局面。

全国对口支援三峡移民工作是具有中国特色社会主义的一个创举。在政府引导下，按照市场规律运作机制，把支援全国最大基本建设工程的政治任务落到实处。以对口支援项目为载体，引进资金、技术、人才、信息、先进管理理念等，加速了三峡库区改革开放，改善了库区投资环境，帮助三峡库区培育了特色优势产业，加快了地方经济发展，推动了三峡移民搬迁安置，还使对口支援企业开拓了新的市场，实力得到显著增强。

---

① 黑龙江、吉林、辽宁、河北、山东、江苏、浙江、福建、河南、湖南、广东、四川、湖北、安徽、江西、广西、北京、天津、上海（1996 年增加重庆市）。

② 沈阳、大连、青岛、南京、武汉、广州、深圳、珠海、厦门、宁波。

例如，浙江杭州娃哈哈集团原来仅在杭州市生产和经营果奶和矿泉水等产品，主要销往华东市场。浙江省对口支援涪陵区后，娃哈哈集团与涪陵区3家濒临破产的搬迁国有企业合资，成立了娃哈哈集团涪陵分公司，不但妥善安置了搬迁企业职工，产品覆盖了西南市场，还成为涪陵区的利税大户，跻身重庆市工业企业50强。娃哈哈集团还对口支援湖北省宜昌市夷陵区，与该区企业合作，成立了宜昌分公司，其产品打入了华中市场，也成为宜昌市的利税大户。这一典型案例充分说明：对口支援三峡移民是一项能够使支援方和受援方都得到发展、实现"双赢"的事业。到库区落户的名优企业还有浙江均瑶集团，山东海尔、华盛、澳柯玛、鲁能集团，江苏常柴、森达集团，河南双汇集团，广东格力集团，上海白猫、汇丽集团，北京汇源集团等50多户。一大批名优企业和名牌产品落户三峡库区，使库区建立起信息、建材、家电等全新的支柱产业。三峡库区充分利用资源和劳动力优势，通过产业引进和产业重组，正在努力为移民打造更为宽广和坚实的"民生之本"。

国家部、委、局，以及大型国有企业和有关省（自治区、直辖市）无偿支援库区区县建设希望学校、医院、敬老院、图书馆（室）、福利院、广电中心、科技中心、培训中心等社会公益事业和道路、桥梁等基础设施。三峡库区所有新县城都有以支援省市命名的街道。国家体育总局支援三峡库区20个区县各修建了一座标准体育场或体育馆。国家烟草专卖局及北京、浙江、辽宁等省（直辖市）支援库区移民分户实施"一池三改"（建沼气池，改厨、改厕、改圈）生态家园富民项目工程。上海市支援万州区乡镇农村认真落实"五个一"项目援建（一所学校、一个卫生室、一个文化站、一个农技站、一个养老院），加快了库区社会主义新农村建设步伐。

截至2013年年底，对口支援方共投入资金1501.50亿元，其中经济合作类项目到位资金1449.11亿元，无偿援助社会公益、基础设施类项目到位资金52.39亿元。援建希望小学214所，对口支援项目安置移民2.91万人次，安排移民劳务9.90万人次，培训移民各类人才5万人次，干部交流（库区干部到支援方挂职）1105人次。三峡移民搬迁安置任务的顺利完成、经济社会的快速发展，激励了广大干部和移民群众的爱国豪情和拼搏精神，对口支援做出了重要贡献。

对口支援三峡移民充分体现了中国特色社会主义制度的无比优越性，它是一段史诗，更是一曲壮歌。

四、创新了具有中国社会主义特色的工程移民之路

百万移民是三峡工程成败的关键。搬迁安置百万移民在国内外水利水电工程和大型基本建设工程史上是史无前例的，没有现成的经验可供借鉴。我国必须根据我国的国情走创新之路，才能使百万移民"搬得出，稳得住，逐步能致富"。

三峡移民在方针、政策方面的创新主要有：国务院发布《长江三峡工程建设移民条例》，该条例使三峡工程建设移民工作走上了依法移民的法制化轨道，确立了开发性移民方针，确立了"统一领导，分省（直辖市）负责，以县为基础"的移民工作管理体制，确立了移民搬迁任务与补偿资金的"双包干"原则，不仅调动了区县政府和每个项目法人的积极性，还形成了自我约束机制，使移民补偿资金控制在概算范围之内。该条例调整了农村移民安置政策，实行以多种方式安置农村移民的方针，把本地安置与异地安置、集中安置与分散安置、政府安置与自找门路安置结合起来，鼓励和引导更多的农村移民外迁安置。该条例调整了受淹工矿企业迁建政策，把搬迁与企业结构调整相结合，着力点放在结构调整、改进质量和提高效益上来，给三峡库区经济振兴带来希望。

三峡移民在管理、监督方面的创新主要有：①制定了移民安置规划大纲，编制了分县、分大类的移民安置规划。移民补偿考虑了适当发展和物价上涨，补偿资金实行"静态控制、动态管理"，维护了移民的合法权益。②第一次提出了移民安置质量指标体系，量化了移民安置质量，使开发性移民方针更加深入人心。③区县政府推行移民工程"五为主"的工作机制，形成了举全

区县之力共同做好移民工作的良好局面。④建立了移民稽查、审计、工程质量检查、综合监理等监督体系,实行过程监督,及时纠正移民工作中的不合规做法,保障了移民群众的合法权益。⑤建立了移民资金监督网,保证了移民资金使用的效能和安全。

监督体系中的三峡移民工程稽查、综合监理和移民资金监督网是三峡移民的三项重大创新。

三峡移民工程稽查是国务院三峡工程建设委员会对三峡移民工程建设和移民工作实施行政监督的高层次监督检查。由国务院三峡工程建设委员会派出,国务院三峡工程建设委员会办公室同湖北省、重庆市人民政府组成的三峡移民工程稽查组,赴现场对每个区县移民工程项目的进度、质量、安全和投资进行检查或随机抽查。肯定成绩,查找问题,向区县政府提出整改意见;对区县政府普遍反映的问题,查清情况后,向国务院三峡工程建设委员会提出政策性建议。实践证明,三峡移民工程稽查对于按照国家法律、法规和规划要求完成移民安置任务,维护移民合法权益,三峡工程如期蓄水和建成,提供了强有力的保障。

移民工程综合监理是由国务院三峡工程建设委员会办公室委托有资质的监理单位,在征得湖北省、重庆市人民政府同意后,在三峡库区各区县设立综合监理工作站。公正、科学、准确、及时地对一个区县执行各项方针政策,对各大类移民工程进度、质量、投资、生态与环境保护等方面进行监督检查,对已经使用的移民资金与完成的移民任务是否匹配进行定量分析,实事求是地肯定成绩、发现问题、分析原因并提出处理建议。按月、按季、按年向国务院三峡工程建设委员会办公室和省市政府提出报告;遇有重大或突发事件,及时提出专题报告。移民综合监理将世界银行贷款项目由事后监评改为过程监督,为国务院三峡工程建设委员会办公室和省、市政府提供了大量较为准确的信息,为按期、按质、按量完成移民安置任务,做出了贡献。

移民资金监督网是由纪检监察部门牵头,移民、审计、检察、银行等部门参加,省(自治区、直辖市)、地级市、县(区)三级的移民资金监督网。通过监督网监督,各部门的工作更加卓有成效,违规违纪比例逐年下降,违法案件大量减少，历次国家审计都对三峡移民资金的使用和管理给予了较高的评价。

多少代中国人防治长江中游洪水灾害、开发和利用三峡水力资源、改善川江航道的梦想，在中国共产党的领导下，经过百万移民和三峡工程建设者的努力和奉献得以实现。三峡工程已经成为中华民族伟大复兴进程中的标志性工程，成为中华民族骄傲和自豪的工程。

"后三峡"时期三峡库区水环境管理：问题、对策与展望*

文传浩[1]，秦方鹏[1]，王钰莹[2]

（1 重庆工商大学长江上游经济研究中心，重庆 400067；

2 重庆工商大学经济学院，重庆 400067）

摘　要：水环境是"后三峡"时期三峡库区生态环境保护的工作重心，但"后三峡"时期库区工业污染、生活垃圾污染、农业面源污染、沿江及江上危险化学制品运输、梯级水电站建设等威胁着水环境安全。库区水环境"问题在水面，根源在岸上"，要从根本上解决库区水环境问题就必须采取登陆作战的方式，从流域视角调整三峡库区生态保护和涵养区范围，探索构建三峡库区复合生态系统保护区，在战术行动上，设立三峡库区（流域）环境保护分支机构，建立"五位一体"生态补偿机制，探索工程移民、扶贫移民、生态移民、高山移民及主体功能区移民等多种移民政策融合创新实施机制。

关键词：三峡库区；水环境；问题；对策；展望

*基金项目：国家社会科学基金重大项目"三峡库区独特地理单元'环境-经济-社会'发展变化研究"（11&ZD161）；国家社会科学基金一般项目"基于生态系统管理理论的流域管理体制创新研究"（12BGL129）；重庆市教育委员会软科学重点项目"乌江流域典型水电库区复合生态系统管理创新研究"（KJ120728）。

作者简介：文传浩（1972—），男，重庆万州人，重庆工商大学长江上游经济研究中心常务副主任，教授，博士生导师；秦方鹏（1993—），男，重庆合川人，重庆工商大学硕士研究生，研究方向为区域经济；王钰莹（1994—），女，四川宜宾人，重庆工商大学经济学院硕士研究生，研究方向为产业经济学。

2010 年 12 月 21 日，国务院发布《全国主体功能区规划》，对我国国土空间开发做了系统性规划，其中明确将三峡库区划分为重点生态功能区，具体类型为水土保持生态功能区。2015 年 1 月 4～6 日，习近平总书记在重庆调研时强调要保护好三峡库区和长江母亲河，使重庆成为山清水秀的美丽之地[1]。保护和发展长江流域的关键要素是水，重点区域在于三峡库区。三峡库区成功蓄水后，诞生了中国最大的淡水资源库，为人类生产生活提供了事关国计民生的基础性自然资源的同时，也提供了重要的战略性经济资源，水环境不仅影响和制约着库区移民安稳致富，而且也决定了长江经济带"大保护、小开发"战略能否顺利实现。

一、"后三峡"时期三峡库区水环境存在的问题

三峡库区进入"后三峡"时代，实质是三峡库区任务的转变，成库前三峡库区面临的主要问题是三峡工程的建设和移民的问题，而当前和今后一个时期的工作重点已经由过去工程建设和移民搬迁的两大历史任务转入到库区移民安稳致富和库区生态环境保护。其中，生态环境保护的主要环节就是水环境保护，三峡库区维系着占全国 35%淡水资源的长江流域特别是中下游流域 3 亿多人口的用水安全[2]。目前，三峡库区水环境保护工作取得了一系列成就的同时，库区水环境安全格局形势依然严峻。

1. 工业污染

三峡库区及其上游省市的工业经济是以规模扩张型的线性工业经济增长为主，经济发展模式粗放，工业园区发展迅速，但规模偏小且位置分散，工业生态链建设滞后，污染控制水平低，结构性污染问题突出[2]。此外，三峡库区及其上游省市的工业企业大多沿江分布，重庆长江与嘉陵江工业密度带聚集了全市的大中型工业企业、化学品码头；沿江堆放的有毒有害物质随降雨进入河流，成为有毒有机污染的来源，是威胁三峡库区水环境安全的一大隐患。

2. 生活垃圾污染

库区生活垃圾主要来源于广大农村：部分库区基本公共服务不健全，缺少集中清理的垃圾处理点和下水道；生活废水不经过专门下水道而直接排放到周围环境中；农村居民普遍存在环保意识不强等问题，导致农村生活垃圾污染长期存在。城镇企业搬迁后，生产逐渐恢复，在极大丰富库区产品供应的同时，生产过程中的废弃物也相应增加。据统计，自 2003 年三峡库区蓄水以来，重庆库区 13 个区县每年打捞的漂浮物总计超过了 10 万吨；而上游未及时打捞的漂浮垃圾会顺流而下，最终聚集在三峡坝前。在湖北库区，仅坝前的秭归县，自 2008 年以来，累计投入清漂资金 1058.1 万元，投入清漂船只 9597 船次，投入作业人员 36 203 人次，累计打捞漂浮物 29 992.8 吨[3]。

3. 农业面源污染

随着三峡库区生态农业和特色农业的发展，三峡库区农业面源污染相比过去，形势不容乐观，农业面源污染已成为三峡库区水环境安全的首要威胁，占入库污染负荷的 60%[4]。究其原因在于三峡库区的农药化肥、农村小规模养殖业产生的粪便、农村生活垃圾等污染源无任何规范化管理，直接排放到长江沿岸的湾沟里，污染水体。

4. 江上及沿江道路危险化学品运输等潜在危害

长江是我国横贯东中西部地区的黄金水道，承担了沿江地区 85% 的大宗货物和中上游地区 90% 的外贸货物运输量。近年来，随着大量化工园区沿长江集中布局，长江干线危险化学品运输量以年均近 10% 的幅度快速增长，危险化学品生产、仓储、装卸、运输、污染物处置等各环节管理给三峡库区水环境安全带来了严峻挑战。

5. 干支流水电开发

三峡库区上游流域地区水资源总量丰富，天然高山地形落差大，是水能资源丰富地区，主要集中于金沙江、雅砻江、大渡河、澜沧江等支流上。三峡工程修建后，上游干支流水电工程进入爆发期，其中金沙江、大渡河和雅砻江等干流规划了多级梯级水电站，部分水电工程已经完成主体施工。这些梯级水电工程的完工，各级水电站的多次蓄水，进一步恶化水质，直接或间接影响到下游库区的水环境安全，需加强对梯级水电站的管理与维护。

二、 "后三峡" 时期三峡库区水环境管理的对策

实际上，三峡库区水环境问题是一种跨地域、跨系统的系统问题，水体主要污染源并非源自水体本身，库区水污染、洪涝灾害及泥沙淤积是陆地经济系统直接破坏的结果。邻近陆域在生产生活过程中，由于未经处理或处理不当，产生大量污染体通过水传导介质流入库区，破坏水体自净能力，引起水体生态功能的失衡。笔者认为，要从根本上解决库区水环境问题，既要做战略布局上的调整，又要有战术上的具体行动，库区水环境 "问题在水面，根源在岸上"，在战略布局上就必须采取登陆作战的方式，而在战术行动上具体主要包括以下六个方面。

1. 从流域视角调整三峡库区生态保护和涵养区范围

过去，从受工程影响的角度，三峡库区生态保护和涵养区空间范围仅限于因修建三峡水电站而淹没的湖北和重庆 26 个区县地区。实际上，淹没影响空间并不等于可持续发展空间，三峡库区生态保护和涵养区范围的需要从受工程影响的角度转变为从流域和流域生态的角度去界定，新生态保护和涵养区的空间范围除了包含传统受直接影响的 26 个区县作为核心区外，长江上游流域和乌江、嘉陵江、岷江、金沙江等主要一级支流流域设计的区域作为库区生态保护和涵养区重要缓冲区，而在次级支流涉及的主要区域作为库区生态保护和涵养区重要实验区，在三峡库区形成 "核心区—缓冲区—实验区" 完整的生态保护和涵养区地域单元。

2. 探索构建三峡库区复合生态系统保护区

三峡库区的人口、资源与环境的问题交织在一起，复杂而特殊，如果仅从单一的生态系统或自然保护区来认识三峡库区，难免会存在认识误区。三峡库区不是一个单一的生态系统，而是一个自然系统、社会系统、经济系统复合在一起的生态系统。因此，针对三峡库区独特的自然地理环境，在建立自然保护区的基础上，从整个流域全局出发，以人为核心，统筹安排、综合管理、合理利用全流域的各种自然资源和社会资源，在流域生态系统、流域经济系统、流域社会系统的复合系统基础上，构建三峡库区"自然-社会-经济"复合生态系统保护区，实现三峡库区综合效益最大化和经济社会可持续发展。

3. 设立三峡库区（流域）环境保护分支机构

体制机制创新既是库区环境管理的难点，也是库区环境管理的重要突破点。环保部可以创新环境管理体制，在三峡库区设立一个直属于环保部的三峡库区环境管理局，采取由环保部直接领导三峡库区环境管理局的垂直管理模式。一方面避免在库区发展和保护过程中区域间、部门间、区域与部门间，以及环境保护和经济发展等之间的利益和矛盾冲突；另一方面统筹目前分散在重庆、湖北两省份及其下辖区县的库区管理职能及各项资金，实现库区生态环境保护一体化。

4. 建立"五位一体"生态补偿机制

水环境生态补偿是目前世界上许多国家对水环境进行有效保护的手段之一[6]。一是探索由重庆都市功能核心区、都市功能拓展区和城市发展新区对渝东南、渝东北两个生态重点保护区域进行梯度补偿区域生态补偿（市级生态补偿机制）的区域生态补偿。二是探索由长江中下游受益地区对三峡库区进行群体性补偿的流域生态补偿。三是探索由中央财政针对三峡库区的生态环境保护进行财政转移支付的垂直生态补偿。四是建立库区产业发展的"正面清单"和"负面清单"，探索由库区内"负面清单"产业补偿"正面清单"

产业的产业生态补偿。五是探索库区水电企业的一定比例的利润收入应与库区移民共享的永续生态补偿。

5. 探索工程移民、扶贫移民、生态移民、高山移民及主体功能区移民等多种移民政策融合创新实施机制

三峡库区独特的自然环境和复杂经济社会发展状况决定了其必然是一个多种政策叠加汇集的特殊区域，库区既有工程移民、扶贫移民、生态移民、高山移民及主体功能区移民等多种移民政策，又有涉及水资源环境管理、退耕还林还草、土壤污染防治、大气污染治理等多项行动计划和政策文件，同时，从上到下又分别设有关于库区环境治理的中央政策，不同省域间又有不同的政策体系，地方县域一级管理体制安排参差不齐。防治库区水环境管理需要探索多种政策融合创新实施机制，推进多种政策叠加融合和高效实施，厘清政策总体目标的异同，注重各种政策系统性、协同性和时效性，避免各自为政。

三、"后三峡"时期三峡库区水环境管理展望

为了使三峡库区在"后三峡"时期依然可以稳定可持续地发展，本文结合三峡库区水环境管理实际情况，提出打造"协同、创新、绿色、共享、开放"的"五个一"工程。

一是建立一个协同平台，成立一个由国务院三峡工程建设委员会办公室或者相关高校组织的以研究水利水电移民安稳致富流域可持续发展的非营利性的水电库区研究院；组建一个为流域、水电库区和水利水电工程资政的智库平台，成立以研究水利水电移民安稳致富，流域可持续发展的非营利性的水电库区研究所；成立一个旨在水利水电和流域可持续发展的学术交流、咨询服务、科普宣传、技术培训和科技考察的专业委员会或学会。

二是形成一套创新成果、一套教材、一套集刊、一系列专著、一系列案例集等水利水电领域的专业成果，构建有中国特色的水利水电移民经济学理论框架体系。

三是创建一个绿色网站，汇集有关流域生态、流域经济、流域社会、流域可持续等全面系统的研究内容。

四是建立一套共享数据库，由政府、高校、智库机构、企业等多方协作联合建立一个有关库区安稳致富、生态保护、经济发展的共享特色大数据库，汇聚海量国内外关于水利水电研究的各类数据。

五是举办一系列开放论坛，借鉴博鳌论坛、香格里拉会议等国际会议模式打造学术交流品牌，形成水利水电库区安稳致富国际研讨会，开展和谐三峡高峰论坛、嘉陵江流域经济合作高端论坛、乌江特色经济走廊高峰论坛、成渝经济区区域合作高端论坛、长江上游经济区高峰论坛、跨学科群博士后协同论坛、跨学科水生态文明协同研究等长江上游地区经济社会可持续发展重大问题高水平学术论坛，创立流域研究的高端国际学术品牌。

························· 参考文献 ·························

[1] 中国青年网. 习近平总书记在重庆调研强调保护好三峡库区[EB/OL]. http://www.3g.gov.cn/3Gxxxq.ycs?GUID=5349[2016-01-07].

[2] 张彦春, 王孟钧, 戴若林. 三峡库区水环境安全分析与战略对策[J]. 长江流域资源与环境, 2007, 16(6): 801-802.

[3] 中华网. 三峡库区每年打捞漂浮物超 10 万吨船开不过去[EB/OL]. http://news.china.com/domestic/945/20141229/19156625.html[2014-12-29].

[4] 肖新成, 何丙辉, 倪九派, 等. 农业面源污染视角下的三峡库区重庆段水资源的安全性评价——基于 DPSIR 框架的分析[J]. 环境科学学报, 2013, 33(8): 2324-2331.

[5] 中国水网. 船舶已成为三峡库区流动污染源[EB/OL]. http://www.h2o-china.com/news/5271.html[2001-09-18].

[6] 张艳芳, 才惠莲. 三峡库区水环境生态补偿的法律思考[J]. 生态环境, 2011, (12): 188-190.

Water Environment Management of Three Gorges Reservoir Area in Post-Three-Gorges Age: Problems, Countermeasures and Outlook

Wen Chuanhao[1], Qin Fangpeng[1], Wang Yuying[2]

(1 National Research for Upper Yangtze Economy, Chongqing Technology and Business University, Chongqing 400067; 2 School of Economics, Chongqing Technology and Business University, Chongqing 400067)

Abstract: The focus of ecological environment protection in the Three Gorges Reservoir Area is about the water environment. Yet industrial pollution, household waste, agricultural non-point source pollution, marine pollution, industrial zone along the Yangtze River, river transportation of chemicals and cascade hydropower station construction pose threats to the safety of water environment. In fact, the problems of water come from the land, landing operation is an effective strategy including adjusting ecological protection scope, from watershed perspective, exploring to establish compound ecosystem conservation, setting up branches of environment (watershed) protection, creating a "Five in One" mechanism for ecological compensation and exploring integration policies for engineering migration, poverty-relief migration, ecological migration, alpine migration and development-priority-zones migration.

Keywords: Three Gorges Reservoir Area; water environment; countermeasures

三峡库区水环境承载力评价及对策研究*

肖　强

（重庆工商大学环境与生物工程学院，重庆 400067）

摘　要：三峡库区水环境承载力水平不仅直接关系到长江流域生态屏障的建设进程，更关系到三峡水库的水源安全。本文以三峡库区为研究对象，基于历年三峡库区的水环境污染数据分析，探讨了三峡库区水环境承载力的变化规律，研究发现：三峡库区水环境承载力评价中水资源禀赋承载力最高，环境保护与治理水平、环境体制与管理水平、生态系统功能水平承载力和社会经济水平承载力次之；但从时间序列上来看，三峡库区 1996～2012 年各年的水环境承载力综合值呈现稳步上升趋势的同时，总体水平较低，为 0.2～0.4；环境保护与治理水平、生态系统功能水平和环境体制与管理水平三者之间有明显的正相关性，有大致一致的波峰和波谷。

关键词：三峡库区；水环境污染；水环境承载力

党的十八大报告中明确指出：要大力推进生态文明建设，加大自然生态系统和环境保护力度，建立和完善最严格的耕地保护制度、水资源管理制度和环

---

*作者简介：肖强（1989—），男，重庆荣昌人，硕士研究生，主要研究方向为区域环境规划与管理。

境保护制度。习近平总书记也曾指出："我们既要绿水青山，也要金山银山。宁要绿水青山，不要金山银山，而且绿水青山就是金山银山。"随着长江经济带发展战略转向"大保护、小开发"，库区生态环境承载力水平，尤其是水环境承载力水平不仅直接关系到长江流域生态屏障的建设进程，更关系到三峡水库的水源安全，还直接或间接影响到长江上游以重庆为中心的城市经济圈的可持续发展。本文以三峡库区为研究对象，对三峡库区水环境承载力进行综合评价，并对库区水环境承载力因素进行了探讨，提出了具有针对性的对策建议，具有较强理论意义和实践价值。

一、文 献 综 述

国外对于水环境承载力的研究较早，其中大多基于生态学意义研究水环境承载力。影响较大的有 20 世纪 60 年代的"国际生物学计划"（IBP），70 年代的"人与生物圈计划"（MAB），80 年代的"国际地圈与生物圈计划"（IGBP），这些都极大地促进了水环境的研究和发展，但都局限于单一的水环境自然属性研究。

20 世纪 20 年代初，Park 和 Burgess 提出承载力是自然资源承载能力的一部分[1]，到六七十年代，随着自然资源耗竭、生态环境恶化等全球性环境问题的出现，环境承载力状况及其相关问题引起了国内外的广泛关注。70 年代，日本学者提出了环境容量的概念，认为环境容量是环境承载力概念的理论雏形。在此基础上，洪阳和叶文虎[2]等将环境容量定义为污染物允许排放总量与该污染物在环境中降解速率的比值，并将其引入环境科学学科。70 年代后期，随着国内外研究的不断丰富，环境承载力的研究涉及多个领域，并广泛应用于环境管理与规划中。到 80 年代初，环境承载力的研究已经形成了完善的系统，其中，水环境承载力是承载力研究在水资源学科领域的实际应用。

到 20 世纪 90 年代以后，更多的学者将社会经济内容融入水环境研究中，探讨水环境与人类社会发展的关系[3-5]。例如，英国学者在对城市密度研究中发现：水环境变化与城市密度有着强烈的正相关性，城市密度越高，其水环境污染就越严重[6]。同时，部分学者也进行了承载力的相关概念、方法和模型量化手段等方面的研究[7-8]，还有一些学者进行水资源承载限度等方面的研究[9-10]。

我国对环境承载力的研究最早源于 20 世纪 80 年代后期，最初主要是从学科背景对水环境承载力进行研究，例如，崔卫华[11]研究了水环境与城市可持续发展的关系，探讨了水环境内生化过程中的影响因素。90 年代初，水环境承载力引起了国内学术界高度的关注和研究热潮，但对其概念及量化方法上与水资源承载力基本相同，如崔凤军[12]的城市水环境承载力的实证研究。近年来，闫莉等[13]对与水环境承载能力相关的水环境承载能力、水环境容量、环境容量、水域纳污能力等的概念进行了区分，并提出资源管理和资源配置，包括水域纳污能力、水环境容量属于可利用资源管理、水环境容量归属在水域纳污能力概念之中、水环境承载力相当于水资源承载能力等观点。

部分学者针对三峡库区的水环境状况也做了相关研究。例如，李仁芳和张信伟[14]研究三峡库区忠县段水环境状况，分析其水污染特征及原因；李放和罗晓容[15]研究了三峡库区重庆段水资源承载力；罗固源和刘国涛[16]还研究了三峡库区水环境富营养化状况，指出三峡库区的水环境将由现在典型的河流水体转变为类似湖泊水体，水环境生态将发生根本的变化，水体将面临富营养化污染的严重威胁；何羽[17]从工业、农业及城市生活用水等方面入手，从三峡库区水环境容量视角出发，构建了三峡库区污染物削减指标，提议政府相关部门要建立和完善三峡库区水环境安全预警指标体系；王丽婧和席春燕[18]对三峡库区进行了功能分区，分为红区（严格保护区）、黄区（一级防护区）和蓝区（二级防护区）；张玉启和郑钦玉[19]通过对三峡库区农业面源污染研究，提出实施控制库区农业面源污染的生态补偿政策。庞子渊[20]等借鉴欧美发达国家水环境管理的成果，提出为确保三峡库区水环境安全需针对三峡库区制定专门的水污染防治条例等。

孙阳[21]试从水环境人口容量的角度寻求实现库区水质保护的途径，得出库区城镇规模不宜过大，应该以发展中小城镇为主，建立了 AHP-FPR 模型；

谢亚巍和罗晓容[22]就协调三峡库区人口、经济和环境之间的发展，在分析水环境人口容量内涵的基础上，依据三峡库区人口、社会经济与生态环境的现状与发展趋势，以保护三峡库区水环境质量为目标，计算了库区水环境人口容量限值。燕文明[23]和许其功[24]把 GIS 技术运用在景观生态学研究上，对三峡工程蓄水前后对生态环境影响进行了多角度分析评价。骆永菊[25]认为，三峡库区由于水环境管理薄弱、沿岸产业结构不合理等因素的影响，库区水环境虽然经过近 10 年的综合治理，水质恶化的趋势有所减缓，但依旧严峻。邵蕾[26]认为，修建三峡工程所引发的移民和环境问题，进一步加剧库区生态环境压力。

以上研究为丰富三峡库区水环境承载力的研究提供了基础，但作为一个新的研究领域，目前对水环境承载力的概念及内涵、评价方法、指标体系和研究的侧重点等各方面都存在不确定性，尚未形成统一的科学概念和一套衡量标准，缺乏系统的基础理论和评价方法，许多研究尚待进一步探究。基于此，本文试图建立合理且适合区域水环境特点的水环境承载力指标体系，对三峡库区水环境承载力进行多维度的定量分析，科学评估三峡库区水环境承载力。

二、评价指标体系、评价方法与数据说明

（一）评价指标体系

本文在遵循科学性原则、完备性原则、可量性原则、区域性原则、规范性原则和实用性原则等基础上，建立水环境承载力指标体系。根据对水环境承载力概念的理解，把水环境承载力分为水资源禀赋承载力、社会经济水平承载力、生态系统功能水平承载力、环境保护与治理水平承载力、环境体制与管理水平承载力五个部分。选取相应的指标作为五个分承载力的下属指标，具体指标可包括：人均水资源量，人均水域面积，人均 GDP，日人均用水量，富营养化水平，氮、磷肥流失总量，库区次级河流合格断面比重，污水处理率，水污染事

故频次、颁布水环境相关法规部数等 10 个指标，具体设计如表 1 所示。

表 1 三峡库区水环境承载力评价指标

目标层	系统层	指标层	代码
水环境承载力	水资源禀赋	人均水资源量（米³/人）	X_1
		人均水域面积（米²/人）	X_2
	社会经济水平	人均 GDP（万元/人）	X_3
		日人均用水量（升/日）	X_4
	生态系统功能水平	富营养化水平（%）	X_5
		氮、磷肥流失总量（万吨/年）	X_6
	环境保护与治理水平	库区次级河流合格断面比重（%）	X_7
		污水处理率（%）	X_8
	环境体制与管理水平	水污染事故频次（次/年）	X_9
		颁布水环境相关法规部数（部/年）	X_{10}

（二）评价方法

本文综合考虑资源环境及社会经济发展，采用层次分析法（AHP）[27]建立区域水环境承载力评价指标体系，根据对水环境承载力概念的理解，把水环境承载力分为水资源禀赋承载力、社会经济水平承载力、生态系统功能水平承载力、环境保护与治理水平承载力、环境体制与管理水平承载力五个部分。选取相应的指标作为五个分承载力的下属指标，采取主观赋权法确定各个评价指标值对区域水环境承载力的基本权重，运用构建的评价指标体系对三峡库区水环境承载力进行定量化计算，实现对水环境承载力进行综合评价。

本文采用水环境承载力分析中最为常用，也是最为有效的评价方法：AHP。每个复杂的问题都是由众多个因素组成的，AHP 的主旨就是将构成复杂问题的众多因素通过两两比较，确定相对重要性，形成递阶层次结构，然后通过定性指标进行模糊量化的方法计算出层次的权重和总排序。水环境分承载力计算公式为

$$E_i = \sum_{j=1}^{m} (W_{ij} e_{ij}) \tag{1}$$

式中，E_i 为第 i 个水环境分载力水平；e_{ij} 为第 i 个水环境分载力第 j 个指标的数值；W_{ij} 为第 i 个水环境分载力第 j 个指标的权重；m 为指标的数目。

根据实际情况，在利用分承载力的运算模型时需要对每个评价指标进行无量纲化处理，进而综合计算水环境承载力。

为消除指标量纲或指标测度量级的不同而造成的影响，这里采用极差标准化方法，同时根据指标对各自系统的贡献的正负效应，需将指标体系中的指标分为正向指标和负向指标两类，分别进行无量纲处理。其计算公式为

$$x_{ij}' = \begin{cases} (x_{ij} - \min x_{ij}) / (\max x_{ij} - \min x_{ij}), & x_{ij}\text{为正向指标} \\ (\max x_{ij} - x_{ij}) / (\max x_{ij} - \min x_{ij}), & x_{ij}\text{为负向指标} \end{cases} \tag{2}$$

式中，x_{ij} 为其第 i 个系统的第 j 个指标的值（$i=1$，2，$\cdots$，n；$j=1$，2，$\cdots$，n），$\max x_{ij}$、$\min x_{ij}$ 分别为指标 x_{ij} 的最大值和最小值。

水环境分承载力各指标的权重表明各评价指标的重要程度，由水资源禀赋、社会经济水平、生态系统功能水平、环境保护与治理水平、环境体制与管理水平五个方面决定。由于水环境五个方面重要相当，故本文采取水环境分承载力权重均等来分析，并利用模加法对水环境承载力进行综合评价，其计算公式为

$$|E| = \left[\sum_{i=1}^{5} (W_i E_i)^2 \right]^{0.5} \tag{3}$$

式中，E 为水环境总承载力的大小；W_i 为第 i 个水环境分承载力的权重；E_i 为第 i 个水环境分承载力的数值。

（三）指标承载度的计算

由于初始指标的单位和数量级不同，难以进行统一计算，所以首先要对数据进行标准化处理，得到在 0～1 的无量纲值，该值在水环境承载力评价中称为

指标承载度，指标承载度值越大表明其水环境承载力越高。水环境指标承载度
计算公式为

$$y = a + b \lg x \tag{4}$$

式中，a 和 b 为模型参数，根据水环境承载力评价指标核算标准进行确定。本
文参考国际公认标准值和《全国人民小康生活水平的基本标准》，结合三峡库
区社会经济实际状况，听取专家意见，最终确定了三峡库区水环境承载力评价
指标的核算标准，具体情况如表 2 所示。

表 2　三峡库区水环境承载力评价指标核算标准[28]

指标	最差值	及格值	最优值	指标	最差值	及格值	最优值
人均水资源量（米³/人）	100	1700	—	颁布水环境相关法规部数（部/年）	2	7	—
人均水域面积（米²/人）	0.1	0.4	—	污水处理率（%）	25	—	100
人均 GDP（万元/人）	100	3000	—	水污染事故频次（次/年）	50	17	—
日人均用水量（升/日）	—	60	225	氮、磷肥流失总量（万吨/年）	—	1.5	0.2
富营养化水平（%）	—	50	10	库区次级河流合格断面比重（%）	20	—	100

（四）数据来源

数据主要来源于历年《重庆统计年鉴》《长江三峡工程与生态环境监测公
报》《重庆市水资源公报》，以及《湖北统计年鉴》《宜昌统计年鉴》《巴东
统计年鉴》《中国区域统计年鉴》《中国县域统计年鉴》，还有部分数据来源
于政府公报。对于实际的问题，有时候某些样本的指标数据可能是不完整的，
当时间、技术或资金等的限制不允许额外收集数据时，本文对指标进行了一些
数据上的处理或修补。为达到这一目的，本文采用一元线性回归方法、指数平
滑方法及模型计算等方法进行数据的获取。

三、三峡库区水环境承载力评价

（一）水环境承载力指标计算

根据表 3 的三峡库区水环境承载力评价指标核算标准，计算出各指标在公式（4）中的模型参数。

表 3 1996～2012 年三峡库区水环境承载力指标承载力

年份	X_1	X_2	X_3	X_4	X_5	X_6	X_7	X_8	X_9	X_{10}
1996	0.62	0.75	0.35	0.12	0.62	0.45	0.65	0.36	−0.03	0.44
1997	0.63	0.75	0.37	0.13	0.71	0.47	0.70	0.36	0.15	0.33
1998	0.64	0.74	0.39	0.13	0.62	0.52	0.71	0.36	0.54	0.44
1999	0.63	0.74	0.39	0.14	0.64	0.51	0.72	0.36	0.51	0.53
2000	0.64	0.73	0.41	0.13	0.63	0.48	0.74	0.36	0.30	0.44
2001	0.62	0.73	0.43	0.14	0.64	0.50	0.72	0.36	0.25	0.60
2002	0.64	0.74	0.45	0.15	0.61	0.51	0.74	0.36	0.51	0.44
2003	0.65	0.77	0.48	0.15	0.67	0.53	0.76	0.36	0.57	0.60
2004	0.72	0.77	0.51	0.14	0.56	0.59	0.72	0.36	0.63	0.60
2005	0.70	0.76	0.54	0.18	0.87	0.62	0.81	0.36	0.67	0.44
2006	0.64	0.76	0.56	0.19	0.76	0.51	0.86	0.36	0.63	0.60
2007	0.76	0.75	0.59	0.21	0.76	0.46	0.84	0.38	0.54	0.77
2008	0.73	0.75	0.63	0.21	0.82	0.48	0.90	0.33	0.67	0.97
2009	0.67	0.75	0.68	0.22	0.75	0.46	0.88	0.43	0.60	0.72
2010	0.67	0.74	0.71	0.22	0.72	0.51	0.92	0.62	0.57	0.93
2011	0.69	0.74	0.75	0.22	0.71	0.50	0.93	0.74	0.67	0.97
2012	0.67	0.73	0.77	0.22	0.75	0.49	0.88	0.80	0.90	0.90

本文以人均三峡库区水资源量指标为例,进行模型参数计算。根据表4可知,在人均水资源量为 100 米^{3}的情况下,水环境承载力最差也即为 0;但人均水资源量达到 1700 米^{3}时,水环境承载力刚及格,也即 0.6。由此可知,X=100 时,Y=0;X=1700 时,Y=0.6;代入公式(4),就可求得 a=-0.97,b=0.48。因此,人均资源量指标所对应的水环境承载力指标承载力计算公式为

$$Y=-0.97+0.48\lg X$$

同样的计算原理,可求得:

人均水域面积的水环境承载力指标承载力计算公式为:$Y=-0.97+0.997\lg X$;

人均 GDP 的水环境承载力指标承载力计算公式为:$Y=-0.82+0.411\lg X$;

日人均用水量水环境承载力指标承载力计算公式为:$Y=-1.24+0.697\lg X$;

富营养化水平的水环境承载力指标承载力计算公式为:$Y=1.528-0.546\lg X$;

库区次级河流合格断面比重的水环境承载力指标承载力计算公式为:$Y=-0.52-0.457\lg X$;

氮、磷肥流失总量的水环境承载力指标承载力计算公式为:$Y=-1.01+1.005\lg X$;

污水处理率的水环境承载力指标承载力计算公式为:$Y=1+1.91\lg X$;

水污染事故频次的水环境承载力指标承载力计算公式为:$Y=2.176-1.28\lg X$;

颁布水环境相关法规部数的水环境承载力指标承载力计算公式为:$Y=-0.332+1.11\lg X$。

将收集到的统计数据带入公式(4)中进行计算,得出 1996~2012 年三峡库区水环境承载力指标承载力,具体见表3。

(二)水环境分承载力计算

依据前述的评价指标体系的构建,水环境分承载力划分为水资源禀赋承载力、社会经济水平承载力、生态系统功能水平承载力、环境保护与治理水平承载力、环境体制与管理水平承载力。按水环境分承载力平均分配权重的原则,

按公式（1）依次计算三峡库区 1996～2012 年的各项水环境分承载力。分承载力的运算模型中每个指标均介于 0～1，根据水环境承载力程度表的划分标准，每个指标都存在一个最优值和一个最差值，当小于等于最差值时，该指标取 0，当大于等于最优值时，该指标取 1，有些指标越大越好，有些指标越小越好，但是它们的取值都介于最差值和最优值之间，并且呈单调函数。

对于每个评价指标在分承载力的计算中取值都为 0～1，可以把这个无量纲化后介于 0～1 的值称为指标的承载度。因此，可以预见，水环境承载力的综合评价值也是介于 0～1 的，并且越大越好，具体见表 4。

表 4　三峡库区水环境分承载力水平

年份	水资源禀赋	社会经济水平	生态系统功能水平	环境保护与治理水平	环境体制与管理水平	水环境承载力
1996	0.70	0.24	0.54	0.50	0.28	0.22
1997	0.69	0.25	0.59	0.53	0.44	0.23
1998	0.69	0.26	0.57	0.54	0.52	0.24
1999	0.69	0.26	0.57	0.54	0.52	0.24
2000	0.69	0.27	0.57	0.55	0.48	0.24
2001	0.69	0.28	0.54	0.54	0.48	0.23
2002	0.69	0.30	0.56	0.55	0.55	0.24
2003	0.71	0.31	0.60	0.56	0.64	0.26
2004	0.74	0.32	0.58	0.54	0.62	0.26
2005	0.73	0.36	0.66	0.58	0.67	0.27
2006	0.70	0.37	0.63	0.61	0.62	0.27
2007	0.76	0.40	0.61	0.61	0.63	0.27
2008	0.74	0.42	0.65	0.61	0.76	0.29
2009	0.71	0.45	0.60	0.66	0.69	0.28
2010	0.71	0.47	0.62	0.77	0.75	0.30
2011	0.71	0.48	0.60	0.84	0.82	0.31
2012	0.70	0.49	0.62	0.84	0.80	0.31

（三）水环境承载力的综合计算

根据水资源禀赋承载力、社会经济水平承载力、生态系统功能水平承载力、环境保护与治理水平承载力、环境体制与管理水平承载力五个分承载力的权重，将分承载力值和权重代入公式（3）得到三峡库区 1996～2012 年的水环境承载力综合值（表 5）。

表 5　三峡库区水环境承载力计算

年份	1996	1997	1998	1999	2000	2001	2002	2003	2004
水环境承载力	0.22	0.23	0.24	0.24	0.24	0.23	0.24	0.26	0.26

年份	2005	2006	2007	2008	2009	2010	2011	2012
水环境承载力	0.27	0.27	0.27	0.29	0.28	0.30	0.31	0.31

四、三峡库区水环境承载力结论分析与对策建议

在水环境承载力评价中，指标承载度值越大表明其水环境承载力越高。

第一，从统计结果来看，日人均用水量指标承载度最低，基本在 0.2 左右浮动，且 1996～2012 年以来变化幅度不大，2004 年之后略有上升；人均水资源量、人均水域面积、富营养化水平、库区次级河流合格断面比重 4 个指标承载度历年来数值较大且相对稳定；水污染事故频次、颁布水环境相关法规部数指标承载度呈明显的上升趋势，水污染事故频次指标承载度由 1996 年的–0.03 增加到 2012 年的 0.90，颁布水环境相关法规部数指标承载度由 1996 年的 0.44 增加到 2012 年的 0.90，说明近年来政府部门重视促使监督管理取得了极大的成效。

第二，五种分承载力中资源禀赋承载力最高（均值达到 0.753），表明三峡库区水资源分承载力较好，水资源丰富；其次是环境保护与治理分承载力（均值 0.647）和环境体制与管理水平（均值 0.642）分别居于第二位、第三位，这两者分承载力虽然起点较低，但增长很快，环境保护与治理分承载力年均增长

率达 3%，环境体制与管理水平承载力年均增长率达 7%，这主要得益于国家对三峡库区水环境的大力保护和治理；生态系统功能水平承载力居第四位（均值 0.63），历年波动较小，只在 2003～2006 年因三峡库区蓄水有少许波动；最后是社会经济水平承载力（均值 0.371），虽然该分承载力均值不高，但是近年来上升较快，年均增长率达 5%。

第三，环境保护与治理水平、生态系统功能水平、环境体制与管理水平三者之间有明显的正相关性，有大致一致的波峰和波谷。在 2003 年，三者出现了大致相同的波峰，究其原因，环境体制与管理水平在于 2003 年库区重庆段编制了《重庆市近期（2001—2010 年）防洪建设规划》《重庆市长江主要支流和重要湖泊防洪工程建设规划（2003—2010 年）》《重庆市水库规划》等重大规划，完善了水环境管理制度；环境保护与治理水平在于 2003 年建成 22 座污水处理厂，污水处理能力达 53.04 万吨/日，有效提高了污水处理水平；生态系统功能水平出现波峰在于 2003 年三峡大坝蓄水发电后，水库发挥了短期的净化水质作用。在 2006 年又出现大致相同的波谷，究其原因，2006 年三峡库区在遭遇百年不遇特大旱灾的同时，相继出现了 7 次区域性强降雨过程，导致中小河流水位陡涨，暴雨山洪成灾，致使水污染事件增多，水环境保护与治理压力增大。

第四，从时间序列上来看，三峡库区 1996～2012 年各年的水环境承载力综合值呈现稳步上升趋势，但是总体水平较低，介于 0.2～0.4。1996～2002 年，三峡库区水环境承载力水平基本保持不变的平稳变化，并始终维持在 0.25 以下，在 2000～2002 年略有下滑，究其原因在于长江三峡工程的修建对三峡水环境的影响已经凸显；2003～2008 年，三峡库区水环境承载力水平呈现较快的增长态势，主要得益于国家对三峡库区水环境安全的高端重视和三峡大坝蓄水发电后对水质的澄清作用；2009 年，三峡库区水环境承载力水平出现了极小值，主要原因在于库区多条支流都出现大面积的水华现象，影响了库区水质。

三峡库区大多数是经济发展相对落后区，三峡库区及上游地区大多人口密集，且是重要的农业耕作区域，平均人口密度高于全国平均水平的 1.5～3 倍，人类活动带来生态环境压力过大。该地区主要以传统农业经济为主，这里由于地理环境的限制，较为封闭，农村人口大多务农，主要靠传统的农业耕作作为主要经济来源，尽管土地的利用率高，但耕作手段落后，造成经济效应偏低，土地的承载能力脆弱。同时，伴随暴雨、滑坡、泥石流、干旱等自然灾害，生态环境保护与经济发展受到生态环境保护的限制。同时，落后的产业结构也给三峡水库的水环境带来极大压力，加之工业污水、废物的直接排放也造成水库水环境问题恶化。

为此，从产业角度改变三峡库区水环境管理现状，需要根据三峡库区现有的经济发展情况，可在库尾地区重点打造以高端化、身体化为向导的低碳型高端服务业，如现代物流业、金融服务业等；在库腹地区重点发展纺织、冶金、轻工食品等生态工业，着力打造生态宜居地和旅游区；在库首地区可以大力发展循环经济，建设清洁生产基地，着力建成一批示范性环保工程，着力培育一批环保企业集团，加快建设成国家级环保产业园区。

同时，针对三峡库区管理体制不顺、效率低下的现状，一是呼吁尽快设立三峡库区水环境管理委员会及次级河流水环境管理委员会。明确该机构的职责、权限、构成及相应的立法权、行政权和经济权；改革水资源管理体系。二是建立环境考评与地方党政一把手考核挂钩制度，确保三峡库区水环境保护具有较强的政治保证，逐级分割环保考核任务；对于出现重大水环境污染问题，要依法追究政府相关人员的不作为、乱作为责任。

参考文献

[1] Park R E, Burgess E W. Introduction to the Science of Sociology[M]. Chicago: University of Chicago Press, 1921: 23-25.
[2] 洪阳, 叶文虎. 可持续环境承载力的度量及其应用[J]. 中国人口资源与环境, 1998, 8(3): 54-58.
[3] Hui C. Carrying capacity, population equilibrium, and environment's maximal load[J]. Ecological Modelling, 2006, 192(1): 317-320.
[4] Campbell D E. Emergy analysis of human carrying capacity and regional sustainability: an example using the state of Maine[J]. Environmental Monitoring and Assessment, 1998, 51(1-2): 531-569.

[5] Clarke A L. Assessing the carrying capacity of the Florida Keys[J]. Population and Environment, 2002, 23（4）: 405-418.

[6] Tratalos J, Fuller R A, Warren P H, et al. Urban form, biodiversity potential and ecosystem services[J]. Landscape and Urban Planning, 2007, 83（4）: 308-317.

[7] Dushoff J. Carrying capacity and demographic stochasticity: scaling behavior of the stochastic logistic model[J]. Theoretical Population Biology, 2000, 57（1）: 59-65.

[8] Falkenmark M. Coping with Water Scarcity Under Rapid Population Growth[C]. Conference of SADC Ministers, Pretoria, 1995.

[9] Ehrlich A H. Looking for the ceiling: estimates of earth's carrying capacity[J]. 1996, 84 （5）: 494-495.

[10] Falkenmark M, Lundqvist J. Towards water security: political determination and human adaptation crucial[C]. Natural Resources Forum, 1998, 22（1）: 37-51.

[11] 崔卫华. 水环境与城市可持续发展[J]. 城市, 2003, (3): 14-17.

[12] 崔凤军. 城市水环境承载力及其实证研究[J]. 自然资源学报, 1998, 13（1）: 58-62.

[13] 闫莉, 郝岩彬, 徐晓琳, 等. 水环境承载能力相关概念分析[J]. 人民黄河, 2009, 31（11）: 52-53.

[14] 李仁芳, 张信伟. 三峡库区忠县段水环境状况分析[J]. 三峡环境与生态, 2010, （4）: 40-43.

[15] 李放, 罗晓容. 三峡库区重庆段水资源承载力研究[J]. 人民长江, 2010, 41（21）: 35-38.

[16] 罗固源, 刘国涛. 三峡库区水环境富营养化污染及其控制对策的思考[J]. 重庆建筑大学学报, 1999, 21（3）: 1-4.

[17] 何羽. 三峡库区主要污染物总量控制方案及安全边际研究[D]. 重庆: 重庆大学硕士学位论文, 2012.

[18] 王丽婧, 席春燕. 三峡库区流域水环境保护分区[J]. 2011, 22（4）: 1039-1044.

[19] 张玉启, 郑钦玉. 三峡库区农业面源污染控制的生态补偿政策研究[J]. 农机化研究, 2012, 24（1）: 230-235.

[20] 庞子渊. 三峡库区水环境保护法律问题研究[D]. 重庆: 重庆大学硕士学位论文, 2005.

[21] 孙阳. 三峡库区水环境人口容量研究[D]. 重庆: 重庆大学博士学位论文, 2004.

[22] 谢亚巍, 罗晓容. 三峡库区水环境人口容量分析[J]. 三峡环境与生态, 2010, （4）: 1-4.

[23] 燕文明. 三峡库区生态系统健康诊断及水资源管理研究[D]. 南京: 河海大学硕士学位论文, 2007.

[24] 许其功. 三峡水库水质预测及水污染控制对策研究[D]. 北京: 中国环境科学研究院硕士学位论文, 2004.

[25] 骆永菊. 三峡库区水环境面临的问题及对策[J]. 水科学进展, 2004, （11）: 25-29.

[26] 邵蕾. 后三峡时期三峡库区可持续发展研究[D]. 武汉: 武汉大学博士学位论文, 2013.

[27] 郑佳怡, 付晓, 王辰星等. 区域环境承载力评价指标体系的构建——以黄河上游水电开

发区域为例[J]. 生态学杂志, 2014, 33(8): 2228-2234.

[28] 陈利顶, 李俊然, 傅伯杰. 三峡库区生态综合评价与聚类分析[J]. 农村生态环境, 2001, (3): 44-56.

Evaluation and Measures of Water Environment Carrying Capacity of the Three Gorges Reservoir Area

Xiao Qiang

（School of Environmental and Biological Engineering, Chongqing Technology and Business University, Chongqing 400067）

Abstract: The quality of the reservoir area of ecological environment is not only directly related to the quality of the environment in the Yangtze River basin ecological barrier construction process, but also is related to the safety of water in the Three Gorges Reservoir Area. This study focuses on the Three Gorges Reservoir Area, based on historical data analysis of the Three Gorges Reservoir Area, discussing the Three Gorges Reservoir Area water environment carrying capacity characteristics of the change. The results show that: the carrying capacity of water resource endowment is at the highest level followed by environmental protection and control, environment system and management level, ecosystem function level and socio-economic status; the water environment carrying capacity of the Three Gorges Reservoir Area in 1996-2012 has shown a steady upward trend, but the overall level is low, which is between 0.2 and 0.4; also, there is a strong positive correlation among environmental protection and control, environment system and management level, and environment system and management level with same crests and troughs.

Keywords: Three Gorges Reservoir Area; water environmental pollution; water environment carrying capacity

互联网+水库移民长期补偿的路径选择与现实维度——以贵州省长期补偿为例*

罗用能

（贵州省水库和生态移民局，贵阳 550004）

摘　要： 互联网+水利水电工程移民长期补偿机制及安置模式是移民生产安置路径选择新陈代谢的成果，是突破传统移民安置方式现实困局和提升长期补偿机制的方向寻求，是移民安置理念发展的行为本能反应，也是全面深化改革和新常态背景下移民安置跳动的时代脉搏。其实践与探索既有路径选择上的扩张、现实维度上的拓展，也有各方利益群体之间的互摄互动，内含现代经济学和管理学、信息学的机理，富有鲜明的时代价值、经济价值、社会价值和适用价值。

关键词： 互联网+；移民安置；长期补偿

　　长期以来，我国水库移民安置实行的是农业有土安置为主的方式，以"有土从农"为特征，先后经历了就地后靠安置为主、外迁农业安置为主等阶段。

---

*作者简介：罗用能，男，布依族，中共党员，武汉理工大学法学博士。现任贵州省水库和生态移民局党组副书记、副局长，第十一届贵州省政协委员。

随着我国经济社会的飞速发展和人地矛盾的日益突出，传统安置方式的局限性也日益凸显，因此，破除土地资源对移民安置的制约，必须有增速换挡的新举措，激发移民安置的新动力，推动库区和移民安置区和谐发展。水库移民采取互联网+长期补偿机制及安置模式不仅是提高移民安置水平需要和新常态下的必然路径选择，而且也是发挥移民安置政策叠加效应，提高移民安置质量，实现移民同步小康现实维度的持续动力，更是保持移民政策稳定性和连续性，支撑宏观政策稳、微观政策活、社会政策托底的持久动能，使移民的长远发展拥有基础和空间。

一、路径选择：水库移民生产安置模式的新陈代谢

移民安置规划是水利水电工程立项的决策因素之一，而移民安置方式的选择则是移民安置规划的基础。移民安置的核心在于生计的恢复，具体安置方式的选择、变革和拓展，与移民政策、经济发展、社会环境及地方实际密切关联，考量我国移民安置的历史轨迹，其安置方式的路径选择就是因地制宜、因时而变、与时俱进的新陈代谢过程。

1. "一元独大"的农业安置方式

新中国成立以后至开发性移民安置理念提出前，受当时国内社会政治环境、计划经济体制和社会公众思想意识、认知水平的影响和制约，尤其是在 20 世纪80 年代实行联产承包责任制前，农村土地资源尚未形成资源瓶颈约束，移民安置主要采取"一元独大"的农业安置方式，辅之以较低的安置补偿。1986 年开发性移民方针的提出，指导了水库移民安置由传统农业生计模式的简单复制安置向有土安置基础上的跨行业安置的方向转变，将单纯补偿与移民创业、安置与库区发展结合起来。从某种意义而言，该方式促进了移民生计的恢复与发展，但并未赋予其与农业安置同等的地位，仍未脱离"一元独大"农业安置的窠臼，政

府主导下的农业安置仍然是移民安置规划设计和实施管理过程中的首要原则。

2. 水库移民长期补偿机制的探索实践与不断成熟

1991 年颁布实施的《大中型水利水电工程建设征地补偿和移民安置条例》（国务院令第 74 号）提出："移民安置应当因地制宜、全面规划、合理利用库区资源，就地后靠安置；没有后靠安置条件的，可以采取开发荒地滩涂、调剂土地、外迁等形式安置。"该条例的颁布实施使移民安置开始迈开了探索多途径移民生产安置方式的路子，但此时农业安置仍处于主导地位。随着人多地少矛盾的日益凸显，通过调整土地来安置移民日趋困难，外迁或就地后靠等以农为主的安置方式在许多地区面临前所未有的阻力，以农为主安置方式遇到前所未有的挑战。

2006 年新修订的《大中型水利水电工程建设征地补偿和移民安置条例》（国务院令第 471 号）明确："对农村移民安置进行规划，应当坚持以农业生产安置为主，遵循因地制宜、有利生产、方便生活、保护生态的原则，合理规划农村移民安置点；有条件的地方，可以结合小城镇建设进行。"移民政策的修订为水库移民安置方式的创新提供了空间和契机，为减少土地对移民安置的束缚，各地结合地方实践进行了多种创新和尝试，拓展了移民安置的空间，为长期补偿安置积累了经验。

为了破解移民工作中人地矛盾突出、移民故土难离、长远生计保障难等难题，贵州等地创新性地提出了移民长期补偿机制。移民长期补偿机制是指在一定时期内以水利水电项目水库淹没耕地（含枢纽工程建设占地）的地类、面积与经核定的年产值为基础，由项目法人对其所有权人或法定承包人进行逐年长期补偿的移民安置方式。

贵州省的长期补偿机制从个案试点到推广进展比较顺利，呈现出三个特点：一是程序的规范性。2005 年以双河口中型水电站为试点，省级移民部门组织市县政府及移民部门、项目业主、设计单位和移民代表，反复设计和论证试点方案，并征求省发改委、国土资源厅、物价局、税务局等部门意见后上报省人民政府常务会议讨论，形成决议后由省人民政府报省委常委会审议通过后，下达了批复意见。从一开始就注重方案的科学性、可操作性和程序的合法性。试点取得成功后,对实施长期补偿的每一个水电项目,都按程序编制长期补偿实施方案,经库区县乡政府、相关部门、项目业主和移民代表共同论证,并由省级移民部门组织技术审查后,上报省人民政府批准实施。二是补偿对象的合理性。以淹没土地为补偿对象,还是以涉淹人口为补偿对象,是长期补偿试点初期争议较大的问题。经反复论证后,各库区政府、项目业主和移民群众都普遍接受"对地不对人"的补偿原则和尊重移民选择的原则,以淹没耕地(含枢纽工程建设占地)的地类、面积与经核定的年产值为基础,淹没多少、可以参加长补多少,从而保证了补偿对象的合理性和公平性。三是试点的规模性。由于长期补偿机制及安置模式是在当时移民安置政策条件下的创新,缺乏国家层面的政策依据,贵州省在总结双河口水电站库区试点成功经验的基础上,通过在全国"两会"的人大代表和政协委员议案提案的渠道,得到了国家发展和改革委员会的明确答复,同意以试点的方式建立和实施移民长期补偿机制。得到国家部委层面的认可后,贵州的长期补偿试点在短短几年间就推广到20多座水利水电工程项目,既有水电的也有水利的,既有中型水库也有大型水库,如国家重点工程——龙滩水电站贵州库区经省人民政府批准,5万余移民中就有近3万人共计拿3万多亩耕地参加了长期补偿。贵州省目前最大的水利工程——黔中水利枢纽一期工程也报经省人民政府批准长期补偿并实施5年来,近17 000位移民自愿选择参加长期补偿,3万亩耕地参加长期补偿达90%。10年来,贵州既有一座水库内单一实行长期补偿,也有一座水库内长期补偿和一次性货币补偿两种方式的结合,极大地丰富了长期补偿试点经验,在全国产生了较大影响,国家发展和改革委员会、水利部、国家能源局和十多个省(自治区、直辖市)几年来曾组织到贵州专门考察并肯定了长期补偿的做法和成效。

二、现实维度:长期补偿机制的方向寻求

移民安置方式本质上是对移民安置涉及区域移民与其他利益相关群体之间

的发展资源的再分配，各种安置方式本身并无优劣之别，关键是看移民安置方式设计与现实条件是否适应，是否最大限度地协调区域内各利益相关者的利益关系，并促进发展最大合力的出现和凝结。基于此，长期补偿机制的现实维度是理念先行、效益共享、移民参与、权益保障、地位平等及资源整合。

1. 移民安置理念的发展

行为起于动机，动机源于理念。长期补偿机制的方向寻求的牵引力来源于移民安置理念的发展。

移民安置牵涉移民生产生活的可持续发展，关系水电工程建设的最终成败。过去移民之所以成为一个影响工程建设和社会稳定的政治问题、民生问题，从根源上讲与指导思想、水工程开发理念密切相关，不管是项目业主还是地方政府，都普遍存在"重工程、轻移民"的思想倾向，把移民安置摆在工程建设的从属地位。随着经济社会发展、科学发展观、以人为本、社会主义和谐社会等执政理念的提出，"以人为本，保障移民合法权益，满足移民生存与发展需求"已成为移民安置的基本原则，把水利水电开发作为移民摆脱贫困的一种途径，把移民脱贫致富作为水利水电开发的一项当然任务，把能否实现移民全面小康目标作为判断水利水电开发建设是否成功的重要标准之一，使移民能够共享水利水电开发效益等发展理念逐步成为社会共识。

2. 长期补偿是突破传统移民安置方式的现实困局有效途径之一

在移民安置理念发展的冲击下，传统移民安置方式面临着一系列的现实挑战，其现实困局主要是安置实施组织难度加大、土地资源调整日趋困难、移民维权意识加强、移民安置社会动员难、移民安置多元化诉求增多等多方面。传统移民安置方式主要依靠政府行政命令进行移民安置，可以利用强大的政治影响力完成移民搬迁安置任务，随着市场经济的发展和日益完善，政府既当"裁判员"又当"运动员"的双重角色受到质疑；水利水电开发企业被要求担当社会责任的呼声日益高涨；移民的维权意识大幅度增强，土地作为不可再生性的稀缺资源日益显现；移民和地方政府对发展的期盼也日趋强烈。诸于此，传统的移民安置方式滞后于经济社会发展形势，不再适应新常态下移民安置需求，需社会各方面把准移民安置的时代脉搏，充分利用全面深化改革大形势下难得的历史机遇和利好政策，破解难题，推动移民安置的实践创新。

3. 互联网+长期补偿机制和安置模式是时代的脉搏

水利水电工程成败的关键在于移民安置，移民安置成败的关键在于根据各地的自然条件、社会经济状况、劳动力素质，正确选择移民安置模式。水库移民安置没有固定的成功模式，需要根据具体情况进行创新。党的十八届三中、四中全会把经济体制改革和推进法治国家建设放在突出的位置，以顶层设计、全面配套的方式推进改革，从改变政府职能入手，实现从直接介入经济活动到依法创造有利于竞争的宏观政策环境，以及承担更多的社会管理和基本公共服务供给职能的转变，对收入分配制度改革、户籍制度改革、城乡发展一体化等重要方面进行部署。随着改革的深化，水利水电开发中的利益分配格局势必得到调整和完善，体现了明确的政策导向，这为水库移民安置方式的实践创新提供了良好的机遇。

人们都说，世界因互联网而更多彩，生活因互联网而更丰富。当今社会到处都在闪耀着"互联网之光"，世界正在变得扁平。我国水库移民安置领域不可能再处于贫困闭塞的"世外桃源"，也必然迟早与互联网融合，进而也必然跟非移民区一样形成"加减乘除四则混合运算"的综合效益。由此，移民长期补偿机制必须与时俱进，提等升级。在长期补偿已经成为相对成熟的机制前提下，在互联网+扶贫的大框架下，互联网+水库移民长期补偿机制概念的提出及安置方式正是在新时期、新常态下全面审视水库移民安置所处的历史方位和发展趋势，把准时代脉搏，领会政策走向，聚焦移民长远生计问题，实现精准安置移民而设计构建的。

三、实践机理：互联网+长期补偿机制的价值分析

互联网+水库移民长期补偿是移民生产安置路径选择新陈代谢的成果，是传统移民安置方式现实困局下的方向寻求，是移民安置理念发展的行为本能反应，也是全面深化改革和新常态背景下移民安置跳动的时代脉搏。其实践与探索既有路径选择上的扩张、现实维度上的拓展，也有各方利益群体之间的互摄互动，构成现实的、相互依存的利益网络，内涵现代经济学、管理学、信息学的机理，富有鲜明的时代价值、经济价值、社会价值和适用价值。

1. 时代价值：长期补偿机制模式符合城乡一体化的发展趋势

城乡一体化与农村城镇化、农业现代化及农民全面实现小康是同一个历史过程，用城市文明影响农村文明、改造农村文明、带动农村文明，是促进农村社会进步，提高农民素质的必由之路。长期补偿机制及安置模式将移民安置与新农村建设、小城镇建设有机结合起来，依托移民安置带来的资金、人口和政策聚集，通过互联网推动生产要素在城乡之间、区域之间的合理流动和有效配置，使产业获得更多的发展资源、城镇获得更多的发展空间、农村获得更大的发展支持、移民获得更多的发展机会。在国家重点水电站工程龙滩水电站工程建设中，贵州省望谟县等库区将移民长期补偿机制及安置模式与"四在农家"①新农村建设、小城镇建设结合起来，在移民增收致富、农业技术培训、精神文明建设和居住环境改善等方面都取得了明显的成效。

2. 经济价值：有助于移民增收致富并获得长远发展

改革开放30多年来，尽管农业农村经济发展成就显著，但农业生产组织化

---

① 即"富在农家"增收入，"学在农家"长智慧，"乐在农家"爽精神，"美在农家"展新貌。

程度低、农村发展滞后（包括信息闭塞的局面）尚未根本改变；家庭联产承包责任制的不断巩固和完善调动了农民的积极性，农业生产效率有了明显提升，但农业生产创收有限，农民增收渠道不多、增收后劲不足等问题日益凸显。由此，农民对土地的依赖度不断降低，农业收入在农民人均收入的占比不断降低，仍然延续传统的有土安置难以满足移民增收致富以及全面小康社会建设的要求。互联网+长期补偿机制及安置模式，更加关注移民的长远发展，尤其是结合城镇发展安置移民，为移民的增收致富和长远发展奠定了基础。一方面，移民脱离土地进入城镇后，拓宽了收入渠道。实施长期补偿的国家重点工程贵州三板溪水电站剑河县柳川集镇安置移民 1942 人，有 776 人（占 40%）在外打工，有 412 人（占 21.2%）经营小商铺做生意，人均年收入都在 7000 元以上。另一方面，城镇的发展也使移民的财产性收入持续增加。例如，构皮滩库区的移民 485 户 2015 人于 2005 年安置到瓮安县城雍阳镇，户均建房面积 365 平方米，多为独立小楼，按当地市场价格已升值到百万元左右。房屋和门面租金收入已经成为移民户主要的收入来源。

3. 社会价值：有利于移民的市民化进程

市民化的一个基本条件是脱离土地，当前农业转移人口市民化的最大困境在于如何为脱离土地的农民提供补偿以替代土地原有的生产功能和保障功能。例如，以互联网+长期补偿机制为基础载体，移民因淹没而失去了土地，但因此获得了稳定、持续的长期补偿收入，以及具有较好的市民化基础和信息化的各项优质公共服务。引导移民进入城镇安置，地方政府随即配套实施一系列扶助政策，使移民在社会保障转移接续、公共服务享受等方面与城镇居民享有同等权利，市民化的强化问题随之能得到妥善解决。互联网+长期补偿安置还为当地移民找到一条就地脱贫致富增收之路：解决信息不对称的问题，可以加快获取政府扶持的政策信息和市场信息，通过发展产业、组织劳动技能培训，以及提供就业服务等方式，使移民转移就业，同时为移民获得稳定、持续的经济收入，在城镇社会重构社会网络系统奠定了基础。三板溪水电站剑河县库区在县城整体迁建过程中，把部分农村移民纳入县城信息化建设规划，利用移民投资打造了独具苗族、侗族风貌的现代城镇，城区面积扩大了 3 倍，城镇人口也由迁建前的 1.5 万人增长到现在的 5 万多人，基础设施、居住环境都得到了显著改善，移民户户有商铺，除了每年的长期补偿稳定收入外，老年人经营自家商铺，年轻人可以到县城产业园区就业或自己创业，脱掉"农二哥"的帽子，实现移民变市民的身份转变。

4. 适用价值：互联网+长期补偿机制及安置模式适用性强

一旦实现移民村村村通、安置点点点通互联网，可以通过完善相关数据采集、传输及共享移民后期扶持数据采集、运算应用服务体系，打通政府部门及相关行业数据接口，实现信息共享和业务协作的相关功能，对外既通，内生动力，那么，对实现移民长期补偿管理信息化精准化，对移民安置活动所在区域的实际情况进行其他安置方式的优化、措施的增减，对于移民安置环境更具有适用性，也更具有可操作性，对促进库区、安置区移民安置的顺利进行和移民安置质量的提高有着十分重要的作用。

四、结　语

随着土地功能和社会利益调整的巨大变化，以及移民利益诉求的多元化，水库移民安置模式呈现多样化、信息化、现代化已是不可逆转的大趋势。当今的互联网+长期补偿机制及安置模式是顺应国家政策走向和发展新常态，在吸纳水库移民安置成功经验的基础上，结合地方实际，适应新时期移民群众整体安稳致富，全面建成小康社会和第二个一百年奋斗目标需求而提出的一种安置新方法、新方式和新手段。该模式既体现"以人为本"的安置理念，有效完成移民安置任务，还能助推城乡一体化建设、全面小康社会建设等进程，富有鲜明的时代价值、经济价值、社会价值、创新价值和适应价值。站在新的起点，结合地方资源禀赋和各地差异特性，立足现实，着眼长远，进一步探索、提炼、总结和丰富发展互联网+移民长期补偿机制的规律性的社会实践，适时列入供给侧结构性改革范围，列入国家和地方重大民生工程，建立地方乃至全国性的精准安置移民大数据平台，实现信息互联互通，推进各种资源科学整合，形成"太极组合"，对于统筹妥善解决全国范围移民安置共性问题，促进移民可持续发展，无疑具有重要的理论价值与实践意义。

The Path Selection and the Realistic Dimension of Internet Plus Long-term Compensation for Reservoir Resettlement—Take the Long-term Compensation of Guizhou for Example

Luo Yongneng

（Guizhou Reservoirs and Ecological Immigration Bureau, Gui Yang 550004）

Abstract: The long-term compensation mechanism and the mode of immigration resettlement of Internet Plus Conservancy and Hydropower Project is the metabolic outcome of the path selection of immigration production settlement. It is a breakthrough in the traditional way of resettlement real dilemma, increasing the seeking direction of long-term compensation mechanism. It is the behavior of instinct reaction for the development of the immigration resettlement concept. It grasps the pulse of the times of immigration resettlement under the background of comprehensive deepening of reform and new normal. Not only does its practice and exploration have the expanding of existing path selection and the dimensions of reality, but it reflects the mutual interaction between the interest groups, enriching the mechanism of modern economics, management and information science, full of distinctive value of the times, the economy value, the social value and the practical value.

Keywords: Internet plus; immigration resettlement; long-term compensation

基于因子分析法的重庆市生态文明
县域竞争力研究*

张 毅

（重庆工商大学长江上游经济研究中心，重庆 400067）

摘 要：生态文明的核心是人与自然的协调发展，生态经济、生态社会、生态环境是生态文明竞争力评价要考察的三个核心领域。本文从竞争力的角度构建生态文明建设评价指标体系，以重庆市 38 个区县为研究对象，利用因子分析法对各个区县生态文明竞争力现状进行了评价。结果显示：生态经济指数在重庆市县域竞争力综合指数中所占比重较大，增强重庆县域生态文明竞争力应以优化生态经济指标即优化发展方式为重点；重庆各区县之间生态文明竞争力差异梯次明显；造成主城区生态文明竞争力高于云阳县、巫溪县、城口县等偏远郊县的原因主要在于其生态经济指数方面差距较大，而生态环境方面指标差距不明显。

关键词：重庆市；县域；生态文明竞争力；指标体系

*作者简介：张毅（1989—），男，湖北仙桃人，硕士研究生，主要研究方向为区域经济，现为重庆图强工程技术咨询公司咨询一部部长。

2007 年 10 月，党的十七大报告首次提出建设"生态文明"。2012 年 11 月，党的十八大报告提出："建设生态文明，是关系人民福祉、关乎民族未来的长远大计。"一是确立了生态文明建设的突出地位，开始把生态文明建设纳入"五位一体"的总体布局；二是明确了生态文明建设的目标，即走向社会主义生态文明新时代，努力建设美丽中国，实现永续发展；三是指明了建设生态文明的五个现实路径："转"（转变经济发展方式）、"节"（全面促进资源节约）、"调"（优化国土空间开发格局）、"保"（加大环境和自然生态系统保护力度）、"建"（加强生态文明制度建设）。

重庆市地处长江上游，是长江上游生态屏障的重要组成部分，自设立直辖市以来，各区县生态文明建设差距明显，以重庆市各个区县为研究对象，将生态文明与竞争力相结合，通过选取生态文明竞争力的评价的标准与指标，从竞争力的视角上对重庆市县域生态文明建设情况进行现状及问题分析，对于发挥重庆作为长江上游的生态屏障而承担保护生态环境的重大责任具有重要意义。

一、文 献 综 述

生态文明本身就是一个内涵丰富、意蕴深刻、结构复杂的综合性概念。不同学者对生态文明内涵的理解也纷呈复杂，申曙光[1]认为，生态危机是工业文明走向衰亡的基本标志，一种新的文明——生态文明——将逐渐取代工业文明，成为未来社会的主要形态，生态文明既是工业文明的继承，又是工业文明的发展。张建宇[2]、蔡守秋[3]等学者认为，生态文明是一种物质生产与精神生产高度发展、人文生态与自然生态和谐统一的文明形态，是人们在改造物质世界的过程中，不断克服负面效应，建立科学、有序的生态运行机制和较好的生态环境所取得的物质、精神、制度等方面成果的总和。张首先[4]认为，可以这样来界定生态文明的内涵：生态文明是指人类在改造自然、社会和自我的过程中不断地促进人与自然、人与人、人与社会和谐共生的进步状态。文传浩和铁燕[5]

认为，生态文明强调经济、政治、文化、人口、资源、社会、环境等全面协调可持续的发展，全面协调可持续也是生态文明建设的基本要求；同时统筹兼顾也体现着生态文明建设的基本方法，这就要求生态文明的各个文明子系统，包括生态意识文明、生态政治文明、生态经济文明、生态社会文明、生态环境文明等多层次、多角度建设内容的统筹兼顾。

通过搜索国内外生态文明相关文献，发现从竞争力维度评价生态文明建设的文章较少。国外代表性可持续发展评价指标体系主要包括：一是联合国可持续发展委员会（UNCSD）根据"驱动力-状态-响应"模型（DSR），从社会、经济、环境及制度四个层面来构建可持续发展评价指标体系，共 25 个子系统包括 142 项指标。1999 年后，联合国可持续发展委员会对其进行了改善，新修改的框架包括十五大类，主要侧重于环境方面，描述环境退化与环境压力之间的关系，未足够重视经济、社会领域的评价。二是联合国环境规划署（UNEP）、国际环境问题科学委员会（SCOPE）提出可持续发展评价指标体系，设置经济、社会、人口、资源、环境等多个方面包含 25 个指标，利用加权平均法计算出可持续发展综合指数。该指标体系简洁明了，可操作性强，注重人类活动和环境之间的相互作用，但指标体系在反映社会发展方面略显不足。三是世界资源研究所（WRI） 提出绿色 GNP 体系，该指标体系从 GNP 指标中减去资源环境的消耗值，对其进行"绿色"修正。

而国内代表性可持续发展指标体系主要包括：曹凤中[6]从环境与资源指标体系、域外影响、经济社会发展与可持续发展指标体系四个层次，按照"状态-压力-响应"框架构建可持续发展城市判定评价指标体系，采用对环境、资源等描述性指标的货币化的研究方法，将其综合成为综合性的单一指标——真实储蓄率，简洁明了，但社会方面的指标难以货币化和量化。牛文元[7]从生存、发展、环境、社会和智力五大子系统出发构成可持续发展的总系统，并用 45 个指数代表，包括 219 个指标对其定量描述。

目前，有很多研究领域的指标体系非常成熟，如可持续发展评价、综合经济竞争力评价等，但是对于生态文明建设的评价指标体系，特别是生态文明竞争力评价指标体系却不多，对其梳理有助于了解生态文明建设指标体系的历史发展、现状及未来趋势。本文以重庆各县域为研究对象，通过生态文明竞争力指标体系的构建，为重庆各区县乃至西部地区考核生态文明建设现状、评价竞争力提供一定的思路和方法，进而为生态文明建设的全面开展提供一定的参考意义。

二、生态文明竞争力指标体系构建

从某种意义上来说，生态文明竞争力指标的选取及评价指标体系的建立，既是对县域生态文明内涵的具体化，又是对研究县域生态文明建设规划和建设成效的一种度量，具体包括以下几个方面。

（一）生态意识和生态政治

尽管在生态文明建设中，生态意识、观念层面和生态政治、制度层面的建设是其不可或缺的组成部分，对生态文明建设有着关键作用，党的十八大还特别提出加强生态文明制度建设，但是目前由于对生态意识和生态政治评价多存在于定性层面，没有可靠的数据作为基础还难以将其量化，加上一般县域行政单位未有人大立法。所以，我们主要通过分析生态文明建设中相对客观的方面，进而对生态文明建设的总体状况进行评价。

（二）生态经济

生态经济文明建设作为生态文明建设中的物质支撑，主要是指生态产业方面建设，包括生态农业、生态工业、生态服务业和环保产业的具体发展情况，直接关系到生态经济总体发展情况的优劣。大力倡导发展生态经济在我国现阶段条件下具有非比寻常的重要意义。首先，在我国，尤其是西部地区如今正处于经济飞速增长的时期，其发展模式必须要避免重蹈发达国家在工业化、现代化进程中有增长无发展的消极发展模式。然后，经济增长是有代价的，应选择较低代价的经济增长模式，即生态经济协调的发展模式。如果以破坏和牺牲生态资源环境为代价，即便有了较高的经济增长速度，其增长代价也是极其高昂和得不偿失的。生态经济指数包含绿色经济指数、居民收入程度、生态经济运行指标等子系统。本文拟用人均 GDP、单位 GDP 能耗、第三产业占 GDP 比重、城镇居民年人均可支配收入、农村居民年人均纯收入、R&D 经费占 GDP 比重 6 个指标来解释生态经济指数。

（三）生态社会

生态社会文明建设的目的就是构建一个自然生态与人民安居乐业的社会环境和谐共生的社会系统。一个团结友爱、稳定和谐的社会氛围，能加快推进生态文明建设的实施，而战乱不断的社会环境则导致生态文明建设难以达到预期目标。因而生态社会的和谐程度越高，生态文明建设的效果越好。生态社会文明的建设主要包括城乡居民生活健康程度与社会协调度两个评价指标层。本文拟用基尼系数、恩格尔系数、千人拥有卫生技术人员、城镇化率等指标评价。

（四）生态环境

生态环境作为生态文明建设的客观环境基础，是生态文明建设的核心内容之一，生态环境文明建设正逐渐成为经济社会发展的新动向，成为衡量一个地区文明程度的重要标准。生态环境文明的建设主要包括资源循环利用、生态保护、污染控制等方面。其中，生态保护用森林覆盖率、建成区绿化覆盖率等指标表示；资源循环利用通过城镇污水集中处理率、城市生活垃圾无害化处理率等指标反映；污染物控制采用城镇集中式饮用水源水质达标率、农村集中式饮用水水源水质达标率、全年空气污染指数（API）优良天数、区域环境噪声平均值等指标进行评价。

生态经济、生态社会、生态环境是生态文明竞争力评价要考察的三个核心领域。它们构成评价体系的三个二级指标，是生态文明竞争力水平的重要参数。三级指标是在二级指标下选择若干个因子所组成的。本文选取了 18 个指标，如表 1 所示。

表 1　重庆市县域生态文明竞争力评价指标体系

一级指标	二级指标	三级指标	性质	数据来源
重庆市县域生态文明竞争力评价指标体系	生态经济	X_1：人均 GDP（万元）	正指标	统计年鉴
		X_2：单位 GDP 能耗（吨标准煤/万元）	逆指标	统计公报
		X_3：第三产业占 GDP 比重（%）	正指标	统计年鉴
		X_4：城镇居民年人均可支配收入（元）	正指标	统计年鉴
		X_5：农村居民年人均纯收入（元）	正指标	统计年鉴
		X_6：R&D 经费占 GDP 比重（%）	正指标	统计公报
	生态社会	X_7：基尼系数	负指标	间接计算
		X_8：恩格尔系数	负指标	间接计算
		X_9：千人拥有卫生技术人员（个）	正指标	统计年鉴
		X_{10}：城镇化率（%）	正指标	统计年鉴
	生态环境	X_{11}：森林覆盖率（%）	正指标	重庆年鉴、统计公报
		X_{12}：建成区绿化覆盖率（%）	正指标	重庆年鉴、统计公报
		X_{13}：城市生活垃圾无害化处理率（%）	正指标	统计公报、相关网站
		X_{14}：城镇污水集中处理率（%）	正指标	统计公报、相关网站
		X_{15}：城镇集中式饮用水水源水质达标率（%）	正指标	统计公报、相关网站
		X_{16}：农村集中式饮用水水源水质达标率（%）	正指标	统计公报、相关网站
		X_{17}：全年空气污染指数优良天数（天）	正指标	统计公报、相关网站
		X_{18}：区域环境噪声平均值（分贝）	负指标	统计公报、相关网站

注：这里的县域是指介于市和镇之间的行政区划单位。重庆市县域单位包括重庆所辖 38 个区县

三、重庆市县域生态文明竞争力评价实证分析

（一）研究区域和数据的说明

本文中重庆市的 38 个区县，所选数据从《重庆统计年鉴》（2011～2013年）、重庆市历年政府统计公报、政府工作报告和重庆市城市总体规划纲要、重庆市相关职能部门的官方网站公布的数据等渠道获取。

（二）因子分析及聚类分析的过程

本文采用的因子分析法为多元统计分析中常用的一种方法。其基本思想是通过研究众多变量之间的内部依赖关系，将多项指标转化为少数几项指标，用综合指标来解释方差-协方差结构。通过寻求这些数据的基本结构，并用少数几个被称为公因子的不可观测变量来代表基本数据结构。这些公因子能够反映原来众多变量所代表的大部分信息，从而有利于研究者达到简化原始数据、方便研究的目的。

将原始数据输入 SPSS18.0 进行分析时，软件的各分析选项为：统计量选择选为单变量描述统计量；矩阵选择选为变量间的相关系数矩阵及显著性检验；因子提取的方法选为主成分提取法。主成分模型为

$$\begin{cases} F_1 = \alpha_{11}X_{11} + \alpha_{12}X_{12} + \cdots + \alpha_{p1}X_p \\ F_2 = \alpha_{12}X_{12} + \alpha_{22}X_{22} + \cdots + \alpha_{p2}X_p \\ \qquad\qquad \cdots\cdots\cdots\cdots \\ F_m = \alpha_{1m}X_{1m} + \alpha_{2m}X_{2m} + \cdots + \alpha_{pm}X_p \end{cases} \quad (1)$$

写成矩阵形式为 $X = AF + \alpha\varepsilon$，$F$ 为因子变量或公共因子，A 为因子载荷矩阵，α_{ij} 为因子载荷，ε 为特殊因子。

矩阵旋转方法的选择为方差最大法，选择输出因子旋转之后的结果；计算

因子得分方法的选择为回归法，并选择输出因子得分系数矩阵。

本小节将糅合前文列出的 18 项指标，经过原始数据处理后，提取出信息不相重叠的几项公因子，从而分析说明影响重庆市县域生态文明竞争力的主要因素，分析某子系统对县域生态文明竞争力的影响；然后，公因子的提取不但为后续计算生态文明竞争力综合指数竖立了纲目，并且也可以得出各个变量在公因子上的得分系数，从而计算出相应因子值；最后计算得出重庆市各区县的县域生态文明竞争力的综合评价指数。

1. 原始数据标准化处理

由于本文所选的各个指标之间存在着数量级和量纲之间的差异，缺乏可比性，所以在进行因子分析法分析之前，应首先对所选原始数据进行指标的无量纲化（即标准化）处理。本文采用最常用的标准差标准化法来进行原始数据的处理。

2. 因子分析的 KMO 检验和 Bartlett's 球形检验

KMO 检验用于检验变量之间的偏相关系数是否过小，通常情况下当 KMO 值小于 0.5 时不适宜采用因子分析，当 KMO 值大于 0.9 时采用因子分析处理的效果最好。而 Bartlett's 球形检验则是确定原始数据是否取自于多元正态分布的总体。如果差异检验的显著性概率显著，即表明所选数据来自正态分布总体，可以开始进一步分析。

表 2 KMO 检验和 Bartlett's 球形检验

取样足够度的 Kaiser-Meyer-Olkin 度量		0.675
Bartlett's 球形检验	近似卡方	480.073
	df	153
	p 值	0.000

从表 2 可以看出，因子分析的 KMO 检验和 Bartlett's 球形检验结果中可以看出 KMO 检验结果为 0.675，介于 0.5～0.9，说明变量适合做因子分析。Bartlett's 球形检验的显著性概率为 0.000，达到显著性水平，证明这些数据来自正态分

布总体，代表原始数据样本的相关矩阵之间有共同因素存在，故拒绝该假设，适宜做因子分析。

3. 因子提取

（1）提取相关系数矩阵的特征值和方差贡献率。本文采用主成分分析法对所选的指标体系的主成分进行提取，提取结果如表3所示，利用主成分分析法选择公共因子时，通常要求因子的特征值大于或等于1。从表3中可以看出，前6个因子的特征值都大于1，方差的累积贡献率达80.277%，尚能较好地解释所有变量，故选取前6个公共因子作为评价重庆市县域生态文明竞争力的公共因子。

表3 解释的总方差

序号	初始特征值			提取平方和载入			旋转平方和载入		
	合计	方差贡献率/%	方差累积贡献率/%	合计	方差贡献率/%	方差累积贡献率/%	合计	方差贡献率/%	方差累积贡献率/%
1	7.210	40.054	40.054	7.210	40.054	40.054	4.358	24.212	24.212
2	2.185	12.139	52.193	2.185	12.139	52.193	3.025	16.808	41.020
3	1.684	9.355	61.548	1.684	9.355	61.548	2.524	14.024	55.044
4	1.237	6.870	68.418	1.237	6.870	68.418	2.091	11.619	66.663
5	1.118	6.210	74.628	1.118	6.210	74.628	1.267	7.040	73.703
6	1.017	5.649	80.277	1.017	5.649	80.277	1.183	6.573	80.277
7	0.717	3.983	84.259						
8	0.587	3.261	87.520						
9	0.537	2.981	90.502						
10	0.378	2.102	92.604						
11	0.344	1.909	94.513						
12	0.274	1.524	96.037						
13	0.247	1.371	97.408						
14	0.175	0.974	98.382						
15	0.119	0.660	99.043						
16	0.112	0.625	99.668						
17	0.046	0.255	99.923						
18	0.014	0.077	100.000						

（2）提取碎石图。可以通过因子分析碎石图来确定最优因子的数量。重庆市县域生态文明竞争力因子分析碎石图如图1所示。从图1可知：第一个因子的特征值最高，后面逐渐变小。前6个因子的特征值都大于1，且之间的连接线相对陡峭，说明特征值的差值较大，前6个因子都较重要。其余因子的特征值都小于1，连接线比较平缓，可知其余因子对解释变量的贡献非常小，可忽略不计。前6个因子能相对较好地概括出原有变量的大部分信息，因此选取这6个主因子是非常合适的。

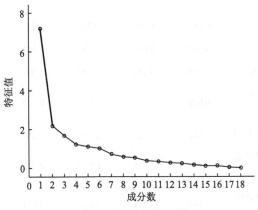

图1　因子分析碎石图

（3）解释所选择的主因子。采用 Kaiser 标准化的正交旋转法对得到的公共因子进行旋转，旋转之后的因子载荷矩阵如表4所示。

表4　旋转成分矩阵

指标	成分					
	1	2	3	4	5	6
Zscore（人均 GDP）	0.560	0.486	0.512	0.176	0.008	0.028
Zscore（万元 GDP 能耗）	0.017	0.050	0.858	0.084	−0.277	0.132
Zscore（第三产业占 GDP 比重）	0.104	0.342	0.832	−0.093	0.092	−0.145
Zscore（城镇居民年人均可支配收入）	0.775	0.353	0.162	0.347	0.115	0.154
Zscore（农村居民年人均可支配收入）	0.834	0.250	−0.028	0.369	0.140	−0.014

续表

指标	成分					
	1	2	3	4	5	6
Zscore（R&D 经费占 GDP 比例）	0.702	0.526	−0.057	0.055	−0.047	0.130
Zscore（基尼系数）	0.363	0.215	−0.133	0.090	0.023	0.808
Zscore（恩格尔系数）	0.385	0.405	−0.168	0.190	−0.069	−0.617
Zscore（千人拥有卫生技术人员）	−0.449	−0.538	−0.388	−0.213	0.180	0.188
Zscore（城镇化率）	0.695	0.548	0.277	0.232	0.104	0.058
Zscore（森林覆盖率）	−0.804	0.017	−0.189	−0.081	0.044	0.016
Zscore（建成区绿化覆盖率）	−0.010	0.042	−0.042	0.001	0.964	0.051
Zscore（城市生活垃圾无害化处理率）	−0.028	0.820	0.248	0.100	−0.030	0.048
Zscore（城镇污水集中处理率）	0.212	0.712	0.151	0.264	0.195	−0.004
Zscore（城镇集中式饮用水水源水质达标率）	0.048	0.375	0.057	0.722	0.100	−0.111
Zscore（农村集中式饮用水水源水质达标率）	0.197	0.048	0.113	0.903	−0.090	0.083
Zscore（全年空气污染指数优良天数）	−0.707	0.258	−0.032	0.311	0.091	−0.036
Zscore（区域环境噪声平均值）	−0.216	−0.121	−0.626	−0.349	−0.320	0.073

注：提取方法为主成分分析法，旋转在 8 次迭代后收敛；Zscore 代表标准差标准化，是数据软件导出来的格式

由表 4 可以看出：

第 1 个因子对指标农村居民年人均纯收入、城镇居民年人均可支配收入、人均 GDP、城镇化率、R&D 经费占 GDP 比重等指标的因子载荷较大，反映出现居民收入程度，可称为居民收入程度因子。

第 2 个因子对指标城市生活垃圾无害化处理率、城镇污水集中处理率等指标的因子载荷较大，体现着县域的治理垃圾的能力，可称为生态环境改善因子。

第 3 个因子对指标单位 GDP 能耗、第三产业占 GDP 比重等指标的因子载荷较大，反映各县域的经济发展方式，可称为绿色经济因子。

第 4 个因子对指标城镇集中式饮用水水源水质达标率、农村集中式饮用水水源水质达标率指标的因子载荷较大，反映县域的卫生问题，可称为生态环境污染控制因子。

第 5 个因子对建成区绿化覆盖率的因子载荷较大，反映县域县域生态保护的能力，可称为生态环境保护因子

第 6 个因子对基尼系数和恩格尔系数的因子载荷较大，反映县域的贫富差距和富裕程度，属于生态社会和谐因子。

（4）计算各个因子的得分。根据回归分析法计算出因子得分，并输出因子得分系数矩阵，如表 5 所示。

表 5　成分得分系数矩阵

指标	成分					
	1	2	3	4	5	6
Zscore（人均 GDP）	0.072	0.076	0.149	−0.054	−0.009	0.023
Zscore（单位 GDP 能耗）	−0.057	−0.115	0.415	0.039	−0.201	0.152
Zscore（第三产业占 GDP 比重）	−0.036	0.057	0.362	−0.186	0.103	−0.100
Zscore（城镇居民年人均可支配收入）	0.161	−0.026	−0.010	0.084	0.059	0.097
Zscore（农村居民年人均可支配收入）	0.220	−0.086	−0.094	0.121	0.086	−0.065
Zscore（R&D 经费占 GDP 比重）	0.136	0.217	−0.149	−0.138	−0.079	0.090
Zscore（基尼系数）	0.020	0.121	−0.102	−0.002	−0.044	0.683
Zscore（恩格尔系数）	0.100	0.141	−0.195	0.003	−0.069	−0.540
Zscore（千人拥有卫生技术人员）	−0.039	−0.144	−0.066	0.021	0.165	0.145
Zscore（城镇化率）	0.110	0.115	0.017	−0.039	0.051	0.033
Zscore（森林覆盖率）	−0.271	0.208	−0.065	0.010	0.017	0.071
Zscore（建成区绿化覆盖率）	0.001	−0.034	0.018	−0.062	0.778	−0.001
Zscore（城市生活垃圾无害化处理率）	−0.181	0.466	−0.022	−0.127	−0.083	0.103

续表

指标	成分					
	1	2	3	4	5	6
Zscore（城镇污水集中处理率）	−0.080	0.311	−0.056	−0.018	0.101	0.021
Zscore（城区集中式饮用水水源水质达标率）	−0.104	0.036	−0.058	0.400	0.020	−0.069
Zscore（农村集中式饮用水水源水质达标率）	−0.028	−0.227	0.013	0.604	−0.126	0.082
Zscore（全年空气污染指数优良天数）	−0.315	0.217	−0.042	0.209	0.026	0.042
Zscore（区域环境噪声平均值）	−0.012	0.185	−0.293	−0.158	−0.267	0.068

注：提取方法为主成分分析法，旋转法为具有 Kaiser 标准化的正交旋转法

根据表 6 所示各个指标所对应的因子得分系数和标准化后的原始变量，计算出 6 个主因子的具体得分：

$$F_1 = 0.072 \times X_1 - 0.057 \times X_2 - 0.036 \times X_3 + \cdots - 0.012 \times X_{18}$$
$$F_2 = 0.076 \times X_1 - 0.115 \times X_2 - 0.057 \times X_3 + \cdots + 0.185 \times X_{18}$$
$$F_3 = 0.149 \times X_1 + 0.415 \times X_2 + 0.362 \times X_3 + \cdots - 0.293 \times X_{18}$$
$$F_4 = -0.054 \times X_1 + 0.039 \times X_2 - 0.186 \times X_3 + \cdots - 0.158 \times X_{18}$$
$$F_5 = -0.009 \times X_1 - 0.201 \times X_2 + 0.103 \times X_3 + \cdots - 0.267 \times X_{18}$$
$$F_6 = 0.023 \times X_1 + 0.152 \times X_2 - 0.100 \times X_3 + \cdots + 0.068 \times X_{18}$$

4. 计算重庆市县域生态文明竞争力综合得分

要计算重庆市县域经济竞争力综合得分还必须求得所选择的 6 个主因子的权重。根据 6 个主因子的各自对应方差贡献率建立计算公式

$$Z_i = \frac{\lambda_i}{\sum_i^n \lambda_i}$$

其中，Z_i 为各个主因子的权重，λ_i 为各个主因子的方差贡献率，$i=1$，2，3，4，5，6。

计算结果如表 6 所示。

表 6　主因子权重

主因子	F_1	F_2	F_3	F_4	F_5	F_6
权重	0.4989	0.1512	0.1165	0.08558	0.07736	0.07037

根据表 6 公因子的权重，以及各因子的得分矩阵，重庆市各区县县域经济竞争力综合得分 $F = \sum_{i=1}^{6} Z_i F_i$，其中，$F$ 为综合得分，计算结果如表 7 所示。

表 7　重庆市各区县县域生态文明竞争力总得分及排名

区县	F_1	F_2	F_3	F_4	F_5	F_6	综合得分	综合排名	聚类分类
江北区	2.105	0.8253	1.289	−1.32	2.0238	−1.294	1.278	1	I
沙坪坝区	1.3361	0.9868	−0.04	0.6063	−0.379	0.123	0.8418	2	I
渝中区	0.3719	0.9456	4.774	0.178	−1.033	−0.092	0.8135	3	I
巴南区	1.1182	0.6957	−0.13	−0.418	−0.503	3.2507	0.8022	4	I
九龙坡区	1.1728	1.488	0.091	0.1309	−0.363	−1.501	0.6981	5	I
南岸区	1.138	1.4295	−0.51	0.8458	−0.396	−1.657	0.6501	6	I
渝北区	0.3155	0.6004	0.478	0.2257	0.3863	3.5435	0.6024	7	I
大渡口区	0.4287	1.014	−0.03	0.7756	1.0862	−0.243	0.4971	8	I
北碚区	0.4268	1.5729	−0.91	0.3223	0.1618	1.1966	0.4691	9	II
合川区	0.6037	−2.067	0.15	1.4403	2.0459	0.3911	0.3152	10	II
璧山县	0.9582	−0.641	−0.73	0.2004	0.069	−0.1602	0.3071	11	II
江津区	1.4382	−0.248	−2.15	−0.245	−1.857	0.4359	0.2958	12	II
永川区	0.2976	0.5673	−0.11	−0.173	0.3672	0.7025	0.2850	13	II
荣昌县	0.8725	−0.879	−0.64	0.3403	0.7464	−0.526	0.2772	14	II
南川区	0.6777	−0.92	−0.12	0.1407	1.0379	−0.856	0.2177	15	II
长寿区	0.9623	−0.368	−1.27	−0.65	0.0047	−0.179	0.2085	16	II
铜梁县	0.2406	−1.377	0.453	1.6087	0.1691	0.1242	0.1241	17	II
涪陵区	−0.33	1.0075	−0.38	0.5917	0.4492	0.1634	0.03969	18	II
大足区	−0.138	−1.174	−0.06	0.8562	1.4309	0.3975	−0.04126	19	III
綦江区	0.0888	−0.636	−0.13	0.5008	−0.282	−0.231	−0.06198	20	III

续表

区县	F_1	F_2	F_3	F_4	F_5	F_6	综合得分	综合排名	聚类分类
垫江县	0.3621	−0.795	0.094	0.0748	−2.137	−0.103	−0.09484	21	Ⅲ
潼南县	0.2337	−1.124	0.427	0.9329	−2.255	−0.542	−0.1365	22	Ⅲ
万州区	−0.452	1.5359	−0.54	0.2951	−0.714	−1.188	−0.1694	23	Ⅲ
开县	−0.654	0.9942	−0.62	−0.787	0.6907	−0.1701	−0.2743	24	Ⅳ
梁平县	−0.463	−0.751	0.14	0.9132	0.1071	−0.549	−0.2804	25	Ⅳ
秀山县	0.0872	−0.658	−0.46	−2.301	0.2129	−0.521	−0.3268	26	Ⅳ
石柱县	−0.349	−0.613	0.491	−2.239	0.1309	0.5395	−0.3531	27	Ⅳ
忠县	−0.621	−0.45	0.171	0.3579	−1.02	0.0886	−0.4000	28	Ⅳ
彭水县	−0.269	−1.056	0.356	−2.207	−0.743	−0.017	−0.5000	29	Ⅳ
奉节县	−0.815	−1.223	0.555	0.1002	0.2144	−0.068	−0.5063	30	Ⅳ
黔江区	−0.768	0.0376	−0.15	−0.286	−0.476	−0.849	−0.5162	31	Ⅳ
巫山县	−1.166	−0.473	0.604	0.3568	−0.145	0.0179	−0.5621	32	Ⅳ
武隆县	−1.743	0.7364	−0.05	0.3781	2.0518	−0.131	−0.5819	33	Ⅳ
丰都县	−1.42	0.6511	0.123	0.4543	−0.847	0.1527	−0.6117	34	Ⅳ
酉阳县	−0.548	−0.715	−0.24	−2.318	−0.002	−0.279	−0.6270	35	Ⅳ
云阳县	−1.097	−0.913	0.37	0.0478	−0.179	0.209	−0.6373	36	Ⅳ
巫溪县	−2.191	1.4324	−0.24	−1.05	0.4585	−0.018	−0.9600	37	Ⅳ
城口县	−2.211	0.5608	−1.07	1.3201	−0.514	−0.161	−1.081	38	Ⅳ

5. 聚类分析

利用SPSS18.0对重庆市38个区县指标样本进行系统聚类分析，聚类分析采用离差平方和法，距离采用欧式平方距离法，输出聚类树状图。根据聚类分析结果，把重庆市38个区县分为四类（表8）。第一类是江北、沙坪坝等主城区；第二类是合川、璧山、江津等10个区县，第三类是大足、綦江等5个区县；第四类是城口、巫溪等偏远县域。

表 8　生态文明竞争力强弱区县分类

类别	区县
生态文明竞争力强	江北区、沙坪坝区、渝中区、巴南区、九龙坡区、南岸区、渝北区、大渡口区
生态文明竞争力较强	北碚区、合川区、璧山县、江津区、永川区、荣昌县、南川区、长寿区、铜梁县、涪陵区
生态文明竞争力一般	大足区、綦江区、垫江县、潼南县、万州区
生态文明竞争力弱	开县、梁平县、秀山县、石柱县、忠县、彭水县、奉节县、黔江区、巫山县、武隆县、丰都县、酉阳县、云阳县、巫溪县、城口县

四、研究结论与展望

（1）生态经济指标［以居民收入程度因子（F_1）和绿色经济因子（F_2）］在重庆市县域竞争力综合指数中所占比重较大，增强重庆县域生态文明竞争力应以提高生态经济指标指数即优化发展方式为重点。

（2）重庆各区县之间生态文明竞争力差异梯次明显。第一梯队以江北区、沙坪坝区、渝中区、巴南区、九龙坡区、南岸区、渝北区、大渡口区等主城区县为代表。县域生态经济发展实力强，富裕程度高，产业基础好，社会和谐度较好，生态环境保护好；第二梯队是以合川区、璧山县、江津区为代表的近主城区县，生态文明竞争力相对较强；第三梯队是大足区、綦江区、垫江县等区县，生态文明竞争力一般；而丰都县、酉阳县、云阳县、巫溪县、城口县等偏远郊县生态文明竞争力相对较弱，属于第四梯队。

（3）造成主城区生态文明竞争力高于云阳县、巫溪县、城口县等偏远郊县的原因主要在于其生态经济指数方面差距较大，而生态环境方面指标差距不明显。

为了推动生态文明竞争力研究的不断深入，让对生态文明竞争力的定量分析结果更科学、更客观、更准确，切实为我国生态文明建设实践提供理论指导和科学支撑，本文还可以在如下方面加以进一步完善及深入。

（4）县域是介于微观和宏观之间层面的区域，设置过多的指标会造成指标之间的重复，同时某些指标的搜集也比较困难。同时，本文未考虑将不同区域和行业进行具体细分和区别对待，具体表现为缺乏代表性的特定指标。因此，准确运用到具体实际中还需要做出进一步的丰富和完善，本文在指标体系的构建上尚存在改进空间。

························· 参考文献 ·························

[1] 申曙光. 生态文明及其理论与现实基础[J]. 北京大学学报（哲学社会科学版），1994, (3):33.

[2] 张建宇. 生态文明. 文明的整合与超越[N]. 人民日报, 2007-10-29, (4).

[3] 蔡守秋. 以生态文明观为指导，实现环境法律的生态化[J]. 中州学刊, 2008, (2)：72-76.

[4] 张首先. 生态文明：内涵、结构及基本特性[J]. 山西师大学报（社会科学版），2010, 37(1)：26-28.

[5] 文传浩，铁燕. 生态文明建设亟须建立一套统一规范的指标体系[N]. 光明日报, 2009-12-11, 第11版.

[6] 曹凤中. 可持续发展城市判定指标体系的研究[J]. 中国软科学, 1998, (3)：69-71.

[7] 牛文元. 可持续发展导论[M]. 北京: 科学出版社, 1994.

Competitiveness of Chongqing's Ecological Civilization Based on Factor Analysis

Zhang Yi

（National Research for Upper Yangtze Economy, Chongqing Technology and Business University, Chongqing 400067）

Abstract: The core of ecological civilization is to coordinate development of human and nature while competitiveness evaluation index system of ecological civilization is based on ecological economic civilization, ecological social civilization and ecological civilization. This paper rebuilds the ecological civilization construction evaluation system from the perspective of competitiveness with 38 districts and counties of Chongqing as the research object. By the way, this paper evaluates and explains the present situation of the ecological civilization competitiveness in each district and county by using factor analysis and clustering analysis. These findings suggest: ① Ecological and economic indices account for a larger proportion in the counties of Chongqing in the competitiveness index, and enhancing the competitiveness of Chongqing county ecological civilization should improve the ecological economic indicators that focus on optimizing the development mode. ② Competitive civilization ecological differences between districts and counties in Chongqing echelon are obvious. ③ The main reason that the main urban ecological civilization competitiveness is higher than Yunyang County, Wuxi County, Chengkou County and other remote suburban counties is its big gap between ecological and economic indices, while ecological environment indicator's gap is not obvious.

Keywords: Chongqing; county; ecological civilization competitiveness; indicator system

三峡库区经济增长对环境质量影响的实证研究*

陈 诚

（重庆工商大学长江上游经济研究中心，重庆 400067）

摘 要： 三峡库区作为一个独特的地理单元，其经济增长对生态环境的影响一直备受关注。本文选出反映三峡库区环境质量的 10 个指标，首先运用主成分分析法拟合成为一个综合指标。然后基于计量经济模型，分别验证三峡库区经济增长的三个效应——规模效应、结构效应、技术效应——对三峡库区综合环境质量的影响。结果显示，经济规模增大 1 单位，环境污染增加 0.25 单位；第二产业增大 1 单位，环境污染增加 0.17 单位；技术进步增大 1 单位，环境污染降低 0.25 单位。最终通过上述分析，给出了相关对策建议。

关键词： 三峡库区；经济增长；环境质量

一、前 言

自三峡工程于 1994 年上马以来，作为新中国成立以来最大型的水利水电工

*作者简介：陈诚（1987—），男，四川内江人，硕士研究生，主要研究方向为区域经济。

程项目，其影响极大。三峡工程的实施对生态、环境、社会、经济都产生了广泛而深远的影响。另外，三峡工程的实施还创造出了一个新的地理名词——三峡库区。三峡库区包括重庆市 22 个区县与湖北省 4 个区县，其中重庆市 22 个区县分别是重庆主城九区（包括渝中区、南岸区、江北区、沙坪坝区、大渡口区、渝北区、巴南区、北碚区和九龙坡区）、万州区、涪陵区、长寿区、江津区、巫山县、巫溪县、云阳县、奉节县、忠县、开县、石柱县、丰都县和武隆县；湖北省 4 个区县包括夷陵区、秭归县、兴山县和巴东县。三峡库区整体经济落后，地区之间发展不平衡，人均收入差距较大，而且生态环境脆弱。

2003 年 6 月以来，三峡库区开始蓄水，蓄水之后，三峡库区自然环境条件发生了很大变化。十多年以来，随着三峡库区经济快速的发展，该地区面临着非常严峻的生态与环境形势。因此，充分揭示三峡库区经济增长对环境质量的影响，深入探讨合理保护库区环境，对库区未来的经济环境协调发展提供合理建议，具有重要的意义。

二、文　献　综　述

徐宁[1]从科学发展观角度，认为应该从建设和谐的三峡库区生态屏障区、三峡生态文明体系与发展循环经济、实现三峡库区的可持续发展三个方面着手，改善三峡库区人与自然的关系。何燕生[2]的观点与徐宁的类似，他在分析了三峡工程对库区农业生态环境、水质、生物多样性与生物古迹的影响之后，认为应该加强三峡库区的可持续发展。刘弘[3]分析三峡库区水资源利用中产生的问题并提出三峡库区可持续利用的对策。而谭灵芝等[4]认为三峡库区实施可持续发展可能会对三峡库区的经济发展产生负效应。

有部分学者则是专门针对三峡库区农业造成的污染进行研究。余炜敏[5]分析了化肥、农药及水土流失对三峡库区水环境造成的影响，并介绍了各种分析环境影响的模型。丁恩俊[6]从控制三峡库区农业面源污染为切入点，研究对土地利用优化的途径。陈洪波[7]得出三峡库区的非点源污染的综合评价，同样，他认为土地利用技术、生态农业、耕作管理、农田养分管理、渔业养殖的污染控制技术等是解决农业非点源污染的有效办法。冯孝杰[8]从农户的角度分析了造成三峡库区面源污染的社会、经济与政策制度根源，农业面源污染程度与经营规模呈现负相关关系，组织经营有助于降低面源污染，并认为库区面源污染程度与经济发展相关。谢礼国[9]则是从技术角度对三峡库区"三废"的排放进行分类，并给出三废处置的经验办法。张生舞[10]从管理理论入手，分析三峡库区水环境保护现状，从博弈论的角度阐述三峡库区政府部门之间与水资源管理的矛盾，认为解决三峡库区水环境污染的核心在于政府管理体制的建设。

总体来看，前人对三峡库区的研究主要落脚于环境，包括三峡库区点源污染与非点源污染对环境的影响，对本文在环境指标的选取方面提供了很多的有益参考。

三、三峡库区环境质量综合指数的测算

由于数据的可获得性，本文选取三峡库区 2004～2013 年 10 个环境质量评价指标共 10 年的数据，利用主成分分析法得到综合环境质量指标。

首先，由于这 10 个环境质量评价指标量纲不同，所以进行时序全局主成分分析时，应该进行标准化处理，使这些指标无量纲化。

其次，利用 SPSS 软件对 10 个指标进行主成分分析。为了分析简便，我们用字母对原始分析指标进行替代：X_1=工业废水氨氮含量，X_2=工业废水化学需氧量，X_3=生活废水氨氮含量，X_4=生活废水化学需氧量，X_5=船舶油污水排放量，X_6=船舶油污水排放达标率，X_7=农药施用强度，X_8=化肥施用强度，X_9=生活垃圾倾倒量，X_{10}=生活垃圾处置率。首先得出指标之间的相关矩阵，如表 1 所示。

表 1　指标相关矩阵

指标	X_1	X_2	X_3	X_4	X_5	X_6	X_7	X_8	X_9	X_{10}
X_1	1.000	0.973	0.062	−0.267	0.370	0.473	0.065	0.033	−0.047	−.0622
X_2	0.973	1.000	0.156	−0.340	0.285	0.471	0.175	0.135	0.029	−0.648
X_3	0.062	0.156	1.000	−0.359	0.661	0.821	0.691	0.786	0.920	−0.183
X_4	−0.267	−0.340	−0.359	1.000	−0.175	−0.467	−0.728	−0.675	−0.419	0.524
X_5	0.370	0.285	0.661	−0.175	1.000	0.867	0.267	0.438	0.659	−0.127
X_6	0.473	0.471	0.821	−0.467	0.867	1.000	0.658	0.715	0.750	−0.483
X_7	0.065	0.175	0.691	−0.728	0.267	0.658	1.000	0.901	0.656	−0.539
X_8	0.033	0.135	0.786	−0.675	0.438	0.715	0.901	1.000	0.864	−0.248
X_9	−0.047	0.029	0.920	−0.419	0.659	0.750	0.656	0.864	1.000	0.059
X_{10}	−0.622	−0.648	−0.183	0.524	−0.127	−0.483	−0.539	−0.248	0.059	1.000

资料来源：三峡环境统计公报

由各指标相关矩阵可知，工业废水氨氮含量、工业废水化学需氧量存在极其显著的关系。生活废水氨氮含量与船舶油污水排放达标率、生活垃圾倾倒量存在极其显著的关系。船舶油污水排放量与船舶油污水排放达标率存在显著关系。农药施用强度与化肥施用强度存在极其显著的关系，而化肥施用强度不仅与农药施用强度显著相关，还与生活垃圾倾倒量显著相关。

接着分析 10 个指标主成分分析的方差贡献率及相对应的特征值（表 2）。

表 2　解释总方差

指标	初始特征值			提取平方和载入		
	合计	方差贡献率/%	方差累积贡献率/%	合计	方差贡献率/%	方差累积贡献率/%
X_1	5.314	53.139	53.139	5.314	53.139	53.139
X_2	2.422	24.225	77.364	2.422	24.225	77.364
X_3	1.365	13.652	91.016	1.365	13.652	91.016
X_4	0.431	4.307	95.322	—	—	—
X_5	0.322	3.222	98.544	—	—	—

续表

指标	初始特征值			提取平方和载入		
	合计	方差贡献率/%	方差累积贡献率/%	合计	方差贡献率/%	方差累积贡献率/%
X_6	0.124	1.237	99.781	—	—	—
X_7	0.016	0.160	99.941	—	—	—
X_8	0.006	0.059	100.000	—	—	—
X_9	0.000	0.000	100.000	—	—	—
X_{10}	0.000	0.000	100.000	—	—	—

资料来源：三峡环境统计公报

由表 2 可知，前三个成分的累计贡献率达到 91.016%（>85%），所以可以用第一主成分、第二主成分与第三主成分作为评价指标，且评价的可信度为 91.016%。前三个主成分对应的特征值分别是 5.879、3.43、1.485。然后是求主成分的因子载荷，如表 3 所示。

表 3 成分矩阵

指标	成分		
	1	2	3
X_1	0.851	0.361	0.188
X_2	0.469	−0.822	0.131
X_3	0.408	−0.862	0.245
X_4	−0.681	0.117	0.558
X_5	0.692	0.052	0.644
X_6	0.941	−0.054	0.279
X_7	0.833	0.169	−0.479
X_8	0.871	0.345	−0.240
X_9	0.810	0.522	0.178
X_{10}	−0.517	0.659	0.361

资料来源：三峡环境统计公报

从表3可知，船舶油污水排放达标率、化肥施用强度、生活废水氨氮含量、农药施用强度、生活垃圾倾倒量在第一主成分有较高载荷，说明第一主成分基本反映了上述指标的信息。生活垃圾倾倒量、工业废水氨氮含量、工业废水化学需氧量、生活垃圾处置率在第二主成分有较高载荷，说明第二主成分基本反映了上述指标的信息。生活废水化学需氧量、船舶油污水排放量在第三主成分有较高载荷，说明第三主成分基本反映了上述指标的信息。

表4　成分得分系数矩阵

指标	成分		
	1	2	3
X_1	0.077	−0.356	0.179
X_2	0.088	−0.339	0.096
X_3	0.160	0.149	0.138
X_4	−0.128	0.048	0.409
X_5	0.130	0.022	0.472
X_6	0.177	−0.022	0.205
X_7	0.157	0.070	−0.351
X_8	0.164	0.142	−0.176
X_9	0.152	0.215	0.130
X_{10}	−0.097	0.272	0.264

资料来源：三峡环境统计公报

由表4成分得分系数矩阵可求得每个主成分的值，用 Y_1，Y_2，Y_3 表示每个主成分，得出：

$Y_1=0.077×X_1+0.088×X_2+0.16×X_3−0.128×X_4+0.13×X_5+0.177×X_6+0.157×X_7+0.164×X_8+0.152×X_9−0.097×X_{10}$；

$Y_2=−0.356×X_1−0.339×X_2+0.149×X_3+0.048×X_4+0.022×X_5−0.022×X_6+0.07×X_7+0.142×X_8+0.215×X_9+0.272×X_{10}$；

Y_3=0.179×X_1+0.096×X_2+0.138×X_3+0.409×X_4+0.472×X_5+0.205×X_6−0.351×X_7−0.176×X_8+0.13×X_9+0.264×X_{10}。

综合得出，环境综合质量得分公式为：E=53.139%×Y_1+24.225%×Y_2+13.652%×Y_3。由此公式，我们求出 2004～2013 年三峡库区环境质量综合指数（环境污染程度），如表 5 所示，并以表 5 中数据作图 1。

表 5　2004～2013 年三峡库区环境质量综合指数

年份	2004	2005	2006	2007	2008	2009	2010	2011	2012	2013
综合指数	−0.0873	−0.2540	−0.3211	−0.2485	−0.2159	0.1046	0.4379	0.3016	0.2850	0.2630

资料来源：三峡环境统计公报

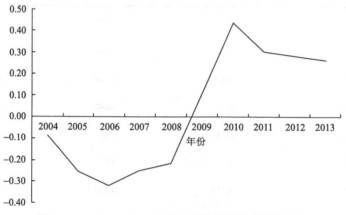

图 1　2004～2013 年三峡库区环境质量综合指数变化

由于 10 个单项环境指标中，大多数代表的是环境污染，由图 1 可以看出，三峡库区环境质量综合指数变化呈倒 N 形，即三峡库区刚刚开始蓄水时，由于环境基础较好，库区自我净化能力还未受到破坏等原因，环境污染是有所下降的。但是随着时间的推移，库区工业废水排放量逐年下降，伴随着工业产值的增长，工业废水排放量并没有出现大幅上升，但是，除了工业废水以外，城市生活废水的污染，农业化肥、农药的排放量逐渐加大，对环境破坏巨大，环境质量急剧下降。自 2010 年以后，由于政府部门高度重视，以及污染治理技术提高的等，库区环境污染得到缓解，环境质量得到改善。

四、三峡库区经济增长对环境质量影响的实证分析

（一）变量选取与模型设定

本文利用主成分分析法分析了三峡库区环境综合质量的变迁。但是经济增长对库区环境有何影响，还有待探讨。考虑到经济活动的实际性，Grossman 和 Krueger[12]将经济增长对环境的影响分解为三种效应，即规模效应、结构效应、技术效应。其中，规模效应用 G 表示，结构效应用 S 表示，技术效应用 T 表示，环境用 E 表示，函数为

$$E = f(G, S, T)$$

（1）规模效应对环境质量的影响。规模效应是指随着经济增速的加快，经济规模逐渐增大，在产业结构和技术水平一定的条件下，产出的增加表示消费更多的资源和能源，因此，环境质量随着经济规模的扩大而出现质量下降的效应。

（2）结构效应对环境质量的影响。经济的结构效应是指在经济发展初期，第二产业得到快速发展，而第二产业基本是污染比较严重的重工业，对环境存在较大的负效应。当产业结构开始发生变化，第三产业得到迅速发展，比重增大时，环境污染将下降，环境质量得到改善。

（3）技术效应对环境质量的影响。技术效应是指随着经济的增长，制造业开始采用先进的生产技术，对污染物进行有效控制，使环境质量得到改善。

因此，我们选取经济增长对环境质量造成影响的三个效应作为变量，进行定量分析，变量描述如下：

E 为环境质量。环境质量指标我们用前面求出的综合环境质量指标表示。

G 为经济增长规模效应，以三峡库区 GDP 表示。

S 为经济增长结构效应，以三峡库区第二产业占三产业的比重表示，用第

二产业的变动情况表示产业结构的变动。

T 为经济增长技术效应，用三峡库区工业废水排放量占工业增加值的比重表示。我们假设技术进步是有利于环境改善的，需要对指标做趋势化处理，与规模效应和结构效应指标同向化。

采用一元回归的方法，分别对规模效应、结构效应与技术效应对环境产生的影响进行定量研究，具体的公式如下。

规模效应：$E=a+Gx$；

结构效应：$E=a+Sx$；

技术效应：$E=a+Tx$。

（二）实证研究

1. 经济增长规模变动

讨论经济增长规模变动对三峡库区综合环境质量的影响，采用 EViews 进行回归，结果如表 6 所示。

表 6　经济增长规模变动对环境质量的回归结果

解释变量	回归系数	标准误差	t值	p值
G	0.248 25	0.054 375	4.565 565	0.002 6
C	1.503 77	0.120 227	12.507 8	0

资料来源：三峡环境统计公报，《重庆统计年鉴》，《湖北统计年鉴》
注：在 10%的显著水平下拒绝原假设

回归方程式为

$$E=1.503\ 77+0.248\ 25G$$

从表 6 中可以看出，p 值只有 0.0026，小于 0.01，表明回归结果是非常显著的。从回归结果来看，如果 GDP 总量扩大 1 单位，综合环境质量指标增大 0.248 25 单位。回归结果表明，经济增大的结果往往是对环境产生破坏，造成环境污染。

2. 经济增长结构变动

讨论经济增长结构变动对三峡库区综合环境质量的影响，采用 EViews 进行回归，结果如表 7 所示。

表 7　经济增长结构变动对环境质量的回归结果

解释变量	回归系数	标准误差	t 值	p 值
S	0.172 565	0.086 64	1.991 746	0.086 7
C	1.65 514 1	0.191 568	8.639 957	0.000 1

资料来源：三峡环境统计公报，《重庆统计年鉴》，《湖北统计年鉴》

注：在 10% 的显著水平下拒绝原假设

回归方程式为

$$E=1.655\ 141+0.172\ 565S$$

从表 7 中可以看出，p 值只有 0.0867，小于 0.1，表明回归结果是较为显著的。从回归结果来看，如果结构变动 1 单位，综合环境质量指标变动 0.172 565 单位。回归结果表明，第二产业比重增大对环境是不利的，对环境会产生负向影响，造成环境污染。

3. 经济增长技术变动

讨论经济增长技术变动对三峡库区综合环境质量的影响，采用 EViews 进行回归，结果如表 8 所示。

表 8　经济增长技术变动对环境质量的回归结果

解释变量	回归系数	标准误差	t 统计值	p 值
T	0.247 174	0.055 078	4.487 673	0.002 8
C	1.505 919	0.121 783	12.365 61	0.000 0

资料来源：三峡环境统计公报，《重庆统计年鉴》，《湖北统计年鉴》

注：在 10% 的显著水平下拒绝原假设

回归方程式为

$$E=1.505\ 919+0.247\ 174T$$

从表 8 中可以看出，p 值只有 0.0028，小于 0.01，表明回归结果是非常显著的。从回归结果来看，如果技术变动 1 单位，综合环境质量相应变动 0.247 174 单位。因为对技术做了趋势化处理，所以技术进步对环境是有利的，对环境产生正效应，有利于改善环境质量，降低环境污染。

（三）结果分析

经济增长通过三个效应对环境产生影响：规模效应、结构效应和技术效应。经济增长的规模效应对环境质量产生负效应，有绝对性和相对性，这是经济的规模经济与规模不经济引起的。结构效应对环境的影响主要是产业结构的变动，通常第二产业造成的环境污染最严重。技术效应对经济的影响一般是通过生产技术的进步，降低了对环境的污染，通常对环境是正效应。

用三峡库区 GDP 总量、第二产业比重及工业废水排放量占工业增加值的比分别代表规模效应、结构效应、技术效应与综合环境质量做实证分析我们发现：经济总量增大 1 单位，环境污染加重 0.25 单位。第二产业增加 1 单位，环境污染加重 0.17 单位。技术进步 1 单位，环境改善 0.25 单位。

五、政 策 建 议

回归结果显示，三峡库区环境质量随着经济增长呈现出改善—恶化—改善的发展状态，从长远来看，随着经济的增长，三峡库区的环境质量会在波动中得以改善，但仍存在很大的环境压力，环境质量不会无缘无故地随着经济增长就出现改善，需要相对应的对策建议规范现在的经济发展模式。因此，在协调三峡库区经济增长与环境质量关系的过程中，有必要从以下几方面着手。

1. 坚持可持续发展战略，促进库区经济繁荣

三峡库区年人均 GDP 与东部沿海城市相比还有非常大的差距，所以未来库区仍然要坚持经济发展，使库区人民生活水平得到稳步提升，缩小与经济发达地区的贫困差距。但是，经济增长越快，其带来的规模效应也越大，对环境造成的污染也更严重，因此，合理控制库区经济增长速度对库区环境的保护十分重要，并且限于三峡库区的自然生态条件的限制，库区的发展模式应该坚持经济与环境可持续发展的道路。

发展生态旅游。生态旅游能有效促进环境与经济的协调发展，应该作为库区发展旅游业并带动经济增长的一种重要形式。生态旅游以可持续发展原则为指导，能有效保护资源，特别是对生物多样性的保护，有利于可持续利用维持资源，促进环境保护与宣传教育，并能提高资源和环境的管理水平。生态旅游是一种既包括生态旅行、生态旅行目的地，又包括旅游设施、旅游服务等在内的新型旅游形式。生态旅游还是一种认识自然、享受自然、保护自然的理念，它有利于提高环保意识，并为生态环境建设提供资金和技术支持，为实现库区绿色发展提供契机。

2. 深化体制改革，落实环保政策

三峡库区环境同时存在点源污染与面源污染。由于库区涉及的行政区划复杂，所以要控制污染源，就要加强库区之间的联动。

加强水环境监测，健全流域水污染改善机制。三峡库区最重要的环境问题是针对水环境的保护的，因此，应加强水环境监测工作，定期进行生态与环境监测，特别是重工业行业的工业废水排放情况，对库区水域进行长期的科学观测和科学研究，建立三峡库区水污染突发事件的应急机制和水污染事故应急处理。加快水环境保护立法，提高保护执法快速反应能力，切实保障库区水环境安全。

加快农业生产的标准立法。三峡库区蓄水后，由于水流速度变缓，降低了水体的自净能力，而库区有 60%以上的土地为坡耕地，十分容易造成农业面源污染。随着经济的增长，库区对农药、化肥的施用逐渐增加，针对这个情况，

政府有必要加快农业生产的标准化研究，提高耕地管理技术，有序规划农药、化肥施用时间，有序引导农民，避免滥施化肥、农药，并建立相应的面源污染监测与管理机构，随时监测面源污染的起源、特点和变化。

加强政府宏观调控能力。协调库区的环境与经济增长关系是一个复杂的系统工程。三峡库区横跨重庆、湖北两个省级行政区域，要系统地协调库区各区县的职能非常困难，所以有必要形成联合调控机制，加强对库区的调控能力。首先要正确选择库区环境经济协调的政策方向、力度和时机。其次要加强库区各区县政府之间的协调，力图从整体上发挥其组织能力，制定合理的库区发展规划、模式和步骤。最后要加强政府对不同利益集团的整合能力，实现库区社会整体利益最大化。

构建三峡库区生态文明加深一体化机制。依据库区生态环境敏感性、生态服务功能重要性、生态环境特征的相似性和差异性，科学划分库区生态功能区。结合库区各区县社会经济特点，在一定的生态承载力范围内，合理保护、建设和开发库区，控制不合理的资源开发活动，加强生态建设，提升生态保护能力。推进库区生物多样性保护，加强森林生态工程建设，积极开展湿地保护和恢复。

3. 优化产业结构，转变发展方式

农业调整。从三峡库区产业机构看出库区农业所占比重已经开始逐渐下降，其耕地面积保持平稳，但化肥、农药的投入逐年增加，说明单位面积投入量加大，势必对环境造成污染。所以，三峡库区应该加大生态农业的发展，推广生态农业旅游，转变农业发展方式，减少化肥、农药投放对环境造成的污染。

工业调整。三峡库区由于其独特的地理单元，应该根据自身独特的情况，制定相应的产业结构发展政策，优化产业结构。三峡库区作为生态重点保护区域，库区内不适合发展污染严重的重工业。因此，在库区工业化进程中，必须促进工业增长方式的转变，提高环保产业在第二产业中的比重。结合三峡库区丰富的旅游资源，以发展生态产业作为突破口。发展生态产业有利于促进三峡库区生态保护屏障的建设，保护库区内水源涵养区。

4. 推进技术革新，加强技术人才培养、引进

经济增长通过科技进步对环境造成的影响很大，因此需要加强三峡库区的科技创新能力建设。要充分挖掘库区科技进步的潜在能力，提高科技作为第一生产力的作用。依靠科技进步，提高资源利用率，降低库区能耗水平，大力推广清洁生产、清洁能源等技术在库区的普及，推进环境治理技术创新。

三峡库区要加强技术人才的培养、引进。首先，加强人才优先，把人才引进作为重要的人才发展战略。转变库区传统的狭隘人才观念，坚持人有所用的原则，通过短期项目、技术引进、技术入股、人才租赁等多种方式，为三峡库区提供高素质的人才。其次，要进一步理顺思路，正确处理本地人才培养与外来人才引进之间的关系，大力整合、优化市内外、省内外和国内外的所有人才资源。政府要大力提供创业项目的资金扶持，切实解决外来人才在生活等方面的实际问题，以此来吸引、集聚一批高层次人才和团队。同时，又要发挥人才优势，建立各行业、各部门在高校、科研单位长期合作的渠道，加大对本地人才的培养力度，以高层次人才为重点，加强人才队伍建设。

··· 参考文献 ···

[1] 徐宁. 坚持科学发展观构建和谐三峡的对策研究[D]. 重庆: 西南大学硕士学位论文, 2013.

[2] 何燕生. 三峡工程与可持续发展[D]. 北京: 中国社会科学院研究生院博士学位论文, 2002.

[3] 刘弘. 三峡库区水资源可持续利用问题研究[D]. 重庆: 重庆大学硕士学位论文, 2008.

[4] 谭灵芝, 潘家华, 郑艳. 三峡库区传统环境权利剥夺研究初探[J]. 中国地质大学学报(社会科学版), 2011, 11(2): 34-39.

[5] 余炜敏. 三峡库区农业非点源污染及其模型模拟研究[D]. 重庆: 西南农业大学博士学位论文, 2005.

[6] 丁恩俊. 三峡库区农业面源污染控制的土地利用优化途径研究[D]. 重庆: 西南大学博士学位论文, 2010.

[7] 陈洪波. 三峡库区水环境农业非点源污染综合评价与控制对策研究[D]. 北京: 中国环境科学研究院硕士学位论文, 2006.

[8] 冯孝杰. 三峡库区农业面源污染环境经济分析[D]. 重庆: 西南大学博士学位论文, 2005.

[9] 谢礼国. 三峡库区工业废弃物处置与利用战略思路与技术途径研究[D]. 重庆: 重庆大学硕士学位论文, 2004.

[10] 张生舞. 三峡库区核心区水资源保护与利用管理体制研究[D]. 重庆: 重庆大学硕士学位论文, 2010.

[11] 陈东. 湖南经济增长与环境质量演进实证研究[D]. 长沙: 湖南大学硕士学位论文, 2004.

[12] Grossman G, Krueger A. Economic growth and the environment[J]. Quarterly Journal of Economics, 1995, 110: 353-377.

An Empirical Study on the Impact of Economic Growth on Environmental Quality in the Three Gorges Reservoir Area

Chen Cheng

（National Research for Upper Yangtze Economy, Chongqing Technology and Business University, Chongqing 400067）

Abstract: The Three Gorges Reservoir Area is a unique geographical unit, and its influence of economic growth on the ecological environment has been concerned. This paper selects 10 indicators which reflect the environmental quality, uses principal component analysis method to synthesize a comprehensive index, and then verifies the effect of economic growth, which consists of scale, structure and technique, on the comprehensive environmental quality in the Three Gorges Reservoir Area. The results show that when the economic scale increases 1 unit, the environmental pollution increases 0.25 unit; when the second industry increases 1 unit, the environmental pollution increases 0.17 unit; when technological progress increases 1 unit, the environmental pollution reduces 0.25 unit. Based on the above analysis, some countermeasures and suggestions are given.

Keywords: Three Gorges Reservoir Area; economic growth; environmental quality

三峡库区经济发展的空间分布特征研究
——基于地统计分析[*]

胡江霞

（重庆工商大学长江上游经济研究中心，重庆 400067）

摘　要： 地统计分析的核心在于认识与地理位置有关的数据之间的空间差异或空间关联，通过空间位置建立数据之间的统计关系。本文运用 SPSS19.0 主成分分析法计算出三峡库区 26 个区县经济发展的综合得分作为衡量经济发展的主要指标；并且采用地统计分析工具 GeoDa95i、ArcGIS9.3，对三峡库区 26 个区县 1997～2009年经济发展状况进行了总体和局部的空间布局分析。通过分析发现，三峡库区经济发展的总体空间布局：经济发展空间演进的拟合值自西向东呈现正 U 形的态势，经济发展自西向东呈现先下降后上升的趋势，经济发展水平自北向南呈现逐渐上升的趋势。局部空间布局：库区经济发展的空间正相关性逐渐增强，空间负相关性逐渐减少。最后，本文根据三峡库区经济格局演化案例分析提出了一系列政策建议。

关键词： 三峡库区；经济发展；地统计分析；空间分析

*基金项目：本文获得国家社会科学基金重大项目"三峡库区独特地理单元'环境-经济-社会'发展变化研究"（11&ZD161）、国家社会科学基金青年项目"长江上游流域典型水利水电库区移民后续生计调查与比较研究"（14CJL031）、重庆市教委科学技术研究项目"三峡库区移民生计状况的代际差异研究"（KJ1603301）、教育部人文社会科学重点研究基地重庆工商大学长江上游经济研究中心开放项目"三峡库区两代移民就业的代际差异及其影响因素研究"（1556004）的资助。

作者简介：胡江霞（1981—），女，重庆工商大学博士研究生，研究方向为区域经济学。

一、文献综述与问题提出

区域发展空间分布特征一直是经济地理领域关注的热点，空间的演进特征的探索则是该问题的关键。随着空间经济学的飞速发展，关于特定经济区域的空间演进特征的研究更是方兴未艾，但是由于研究方法往往采用数值模型，导致计量实证进程非常缓慢。而空间计量方法对于此领域的研究在研究对象、指标体系的选取等方面的选择目前已经臻于成熟，空间计量方法的核心在于认识与地理位置有关数据之间的空间差异或空间关联，通过空间位置建立数据之间的统计关系。

目前，国内学者对于区域经济发展空间分布的研究主要集中在以下几个方面：第一，采取空间计量模型从省域层面进行了研究，主要体现在以下几个方面：当前国内运用 GeoDa-ArcGIS 方法对于区域经济空间格局演化的研究多集中在以下几个省份，甘肃省（鲍洪杰和刘德光[1]、曹颖轶[2]、李博等[3]）、江苏省（黄飞飞等[4]、渠立权等[5]）、安徽省（夏永久等[6]、张可云和项目[7]、方叶林等[8]）、四川省（曾永明和张国[9]、王辉等[10]）、辽宁省（唐晓旭等[11]），但是对于欠发达的贫困山区及其内部空间关联的研究尚不充分。第二，对于贫困山区经济的研究，主要有：贫困程度的测试（刘林和李翠锦[12]、孙才志等[13]）、水贫困评价及空间关联格局研究（孙才志和王雪妮[14]）、贫困地区空间分布特征研究（张志斌和马东刚[15]）、反贫困的路径选择（王明黔和王娜[16]、王雪妮和孙才志[17]）。

纵观以上研究内容，我们发现研究者在研究方法上主要采取 WPI-ESDA 模型、区位熵法、变异系数、集中度和赫芬达尔指数，以及空间集聚法对经济发展的空间布局进行了研究[18]。但是这些分析方法大部分关注不同时间截面上的区域经济发展的空间差异或者空间相关性，缺乏对区域经济发展总体空间布局及内部发展方向的探讨。本文采取地统计分析方法，以三峡库区为例，从经济空间布局范式的演变视角对西部贫困区域经济发展的空间总体布局及局部空间布局进行了分析，为未来发展反贫困政策奠定基于空间视角的理论基础。鉴于此，为了探索三峡库区内部经济发展的空间关联与差异，进而从经济地理角度来剖析库区经济发

展的动力机制，找到科学决策的着力点，同时避免新一轮的贫困化，本文选取 1997
年、2003 年、2009 年 3 个典型的时间截面，综合运用空间自相关分析、趋势面分
析等地统计分析方法，研究三峡库区经济结构演进的规律。采用地统计分析角度
深入探讨三峡库区的经济发展空间结构演进特征，同时对于西部欠发达的贫困山
区构建科学合理的空间经济结构及合理的产业布局结构具有一定的借鉴意义。

二、研究区域概况及数据说明

（一）研究区域概况

三峡库区是指受长江三峡工程影响而淹没的地区。三峡库区总面积约 7.9 万平
方千米，库区位于北纬 28°31′~31°44′，东经 105°44′~111°39′，库区地处四川盆地
与长江中下游平原的结合部，跨越鄂中山区峡谷及川东岭谷地带，北屏大巴山、
南依川鄂高原。三峡库区涉及湖北 4 个区县及重庆 22 个区县。三峡库区是一个典
型的欠发达的西部连片贫困山区，同时，三峡库区也是全国 18 个集中连片的贫困
地区之一，有 8 个国家扶贫开发工作重点县，经济发展比较落后（图 1）。

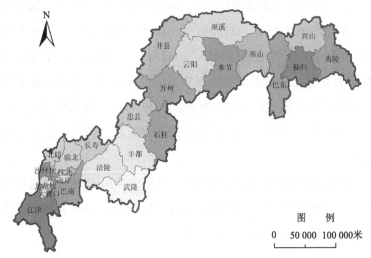

图 1　三峡库区地图

（二）指标体系的构建及数据说明

1. 指标体系的构建

为了反映三峡库区经济发展状况，本文在参考部分文献[19-21]的基础上，重点选取了 9 个具有代表性的指标，分别为：人均 GDP（X_1）、人均固定资产投资额（X_2）、人均社会消费品零售额度（X_3）、人均地方财政收入（X_4）、城镇居民人均可支配收入（X_5）、农村居民人均年纯收入（X_6）、城镇单位从业人员（X_7）、乡村从业人员（X_8）、非农产业增加值比重（X_9）。其中，X_1 用来衡量区域经济发展水平的总量，X_2、X_3 用来衡量区域经济发展的结构，X_4 用来衡量区域的财政收支状况，X_5、X_6 用来衡量区域内居民的收入水平状况，X_7、X_8 用来衡量区域内居民的区域经济的空间结构，X_9 用来衡量区域经济的产业结构状况，X_9 非农产业增加值为第二产业增加值与第三产业增加值之和。

2. 数据说明

本文数据如无特殊说明，均来自 1997～2013 年的《重庆统计年鉴》《湖北统计年鉴》。为了保持数据的连续性，本文分别选取 1997 年、2003 年、2009 年 3 个具有代表性的年份作为时间截面，具体原因如下：1997 年重庆市刚升为直辖市，经济进入了快速发展时期；2003 年，三峡库区第一次蓄水达到 135 米，随着蓄水发电、移民搬迁和后期扶持的深入开展，经济发展水平相对较低的三峡库区迎来经济发展的黄金时期；2009 年，三峡工程竣工，百万移民已经基本安置完毕，库区迈入了移民安稳致富阶段，即经济发展进入到另一个黄金时期。

本文利用 SPSS19.0 的主成分分析法，计算三峡库区 26 个区县经济发展的综合得分，作为衡量库区经济发展的主要指标。此外，为了消除原始数据的量纲量级，本文对数据进行了标准化处理。

三、研 究 方 法

（一）主成分分析原理

主成分分析法是一种通过降维技术把多个变量转化为少数几个主成分的统计分析方法，这些主成分能够反映原始变量中的绝大多数信息[22]。假定有 n 个样本，每个样本观测到 p 个变量，构成了一个 $n×p$ 阶的数据矩阵

$$X = \begin{bmatrix} x_{11} & x_{12} & \cdots & x_{1p} \\ x_{21} & x_{22} & \cdots & x_{2p} \\ \vdots & \vdots & & \vdots \\ x_{n1} & x_{n2} & \cdots & x_{np} \end{bmatrix}$$

记原始变量的指标为 X_1，X_2，$\cdots$，X_p，设原始变量经过降维处理后的新变量为 Z_1，Z_2，Z_3，$\cdots$，Z_n（$n \leqslant p$），可知

$$\begin{cases} Z_1 = a_{11}X_1 + a_{12}X_2 + \cdots + a_{1p}X_p \\ Z_2 = a_{21}X_1 + a_{22}X_2 + \cdots + a_{2p}X_p \\ \qquad\qquad \cdots\cdots\cdots\cdots \\ Z_m = a_{m1}X_1 + a_{m2}X_2 + \cdots + a_{mp}X_p \end{cases}$$

新变量指标 Z_1，Z_2，$\cdots$，Z_m 是原始变量 X_1，X_2，$\cdots$，X_p 的第 1，第 2$\cdots$，第 m 主成分。基于以上分析，主成分分析的实质上就是确定原始变量在主成分上的因子载荷 a_{ij}。

（二）空间权重矩阵

建立空间计量经济模型进行数据分析时，首先要确定空间权值的矩阵，其表达式如下。

$$W = \begin{bmatrix} w_{11} & w_{12} & \cdots & w_{1n} \\ w_{21} & w_{22} & \cdots & w_{2n} \\ \vdots & \vdots & & \vdots \\ w_{m1} & w_{m2} & \cdots & w_{mn} \end{bmatrix}$$

衡量地理联系的常用方法通常有两种：一是邻近指标；二是距离指标。

（三）空间自相关（Moran's *I*）

空间自相关指的是从空间整体上表达描述对象空间分布的整体情况。Moran's I 是用来描述空间相关情况的系数，其取值范围为 $-1 \leq$ Moran's $I \leq 1$。当 Moran's $I < 0$ 时，表明观测值不存在空间自相关，空间上呈随机分布；当 Moran's $I > 0$ 时，表明观测值存在空间正相关；当 Moran's $I = 0$ 时，表示观测值不存在空间相关性[9]，其公式表达如下：

$$\text{Moran's } I = \frac{\sum_{i=1}^{n}\sum_{j=1}^{n} W_{ij}(y_i - \overline{y})(y_j - \overline{y})}{S^2 \sum_{i=1}^{n}\sum_{j=1}^{n} W_{ij}}$$

式中，n 表示样本的个数；y_i、y_j 分别表示位区域 i、区域 j 的属性值；W_{ij} 表示衡量空间事物的相互关系的权重矩阵。

四、实 例 分 析

（一）三峡库区经济发展状况综合评价

1. 指标标准化处理及因子分析检验

以 2009 年为例，将衡量区域经济发展水平的 9 个指标的原始数据，经过标准化处理后，分别输入 SPSS19.0 软件。运用 SPSS19.0 软件进行主成分分析，计算得出 KMO=0.827，介于 0.5～0.9，说明变量适合做因子分析。Bartlett's 球形检验的显著性概率为 0.000（p 值为 0），说明数据服从正态分布，适合做因子分析。

2. 主成分的提取

运用主成分分析法对所选取的指标体系进行主成分提取，提取结果如表 1 所示。利用主成分分析法选择公共因子时，一般要求公共因子的特征值大于 1，从表 1 可以看出，前 2 个因子的特征值大于 1，其方差累积贡献率已达 85.188，能较好地解释所有变量，故选取前 2 个公共因子作为主成分因子作为解释区域经济发展的指标。

表 1 解释的总方差

成分	初始特征值			提取平方和载入			旋转平方和载入		
	特征值	方差贡献率/%	方差累积贡献率/%	合计	方差贡献率/%	方差累积贡献率/%	合计	方差贡献率/%	方差累积贡献率/%
1	5.376	67.202	67.202	5.376	67.202	67.202	4.087	51.090	51.090
2	1.439	17.986	85.188	1.439	17.986	85.188	2.728	34.098	85.188
3	0.527	6.588	91.776						
4	0.207	2.593	94.369						
5	0.165	2.060	96.429						
6	0.139	1.739	98.169						
7	0.087	1.086	99.255						
8	0.060	0.745	100.000						

3. 综合得分

要计算 2009 年三峡库区 26 个区县经济发展水平的综合得分，必须要计算出两个主成分的权重。利用表 2 中第一、第二主成分的特征值为两个主成分赋权重，通过计算得出第一个主成分 F_1 的权重 W_1=67.202/85.188=0.7889，第二个主成分 F_2 的权重 W_2=17.986/85.188=0.2111，这样就可以得出区域经济发展得分模型：$F=0.7889\times F_1+0.2111\times F_2$。最后，通过该模型计算出 2009 年三峡库区经济发展状况的综合得分，见表 2 所示。

表 2 三峡库区经济发展状况的综合得分（2009 年）

区县	总得分	排名	区县	总得分	排名
渝中区	2.532 034 032	1	夷陵区	−0.269 489 89	14
渝北区	1.092 039 567	2	忠县	−0.403 854 64	15
江北区	1.030 213 520	3	开县	−0.480 487 52	16
九龙坡区	0.884 676 05	4	巴东县	−0.551 148 28	17
沙坪坝区	0.706 755 612	5	武隆县	−0.551 845 69	18
南岸区	0.627 982 004	6	云阳县	−0.574 349 92	19
江津区	0.553 973 142	7	奉节县	−0.670 881 98	20
万州区	0.522 826 136	8	石柱县	−0.700 658 26	21
涪陵区	0.411 823 792	9	丰都县	−0.711 143 92	22
巴南区	0.159 640 24	10	巫山县	−0.773 870 11	23
北碚区	−0.0195 150 7	11	兴山县	−0.790 380 15	24
长寿区	−0.163 170 25	12	秭归县	−0.828 335 38	25
大渡口区	−0.173 856 71	13	巫溪县	−0.858 966 33	26

（二）三峡库区经济发展状况空间分布情况

根据主成分分析法，分别计算出 1997 年、2003 年的三峡库区经济发展综合得分。根据 1997～2009 年三峡库区经济发展得分情况，可以将库区 26 个区县划分为以下四种类型：经济发达地区（综合得分为 2～3.5 分）、次发达地区（综合得分为 1～2 分）、欠发达地区（综合得分为 0～1 分）、落后地区（综合得分为–1～0 分）。

1997 年，三峡库区的基本经济空间格局如下：发达地区只有渝中区，次发达地区为九龙坡区；欠发达地区按照经济发展得分大小先后顺序排序为：夷陵区、江北区、大渡口区、南岸区、沙坪坝区、涪陵区、江津区、万州区、北碚区、长寿区、渝北区；落后地区按照经济发展得分大小先后顺序排序为：巴南区、开县、丰都县、云阳县、兴山县、忠县、奉节县、巴东县、秭归县、石柱县、武隆县、巫山县、巫溪县。

2003 年，三峡库区的基本经济空间格局（相比 1997 年）为：①综合得分为 2～3.5 分的发达区县没有；②次发达地区增加了 3 个区县：渝中区、江北区、南岸区；③欠发达地区由原来的 11 个减少为 6 个，分别是大渡口区、沙坪坝区、夷陵区、渝北区、北碚区、涪陵区；④落后地区由原来的 13 个增加到 16 个，增加的 3 个区县分别是江津区、长寿区、万州区。

2009 年，三峡库区的基本经济空间格局（相比 2003 年）为：①发达地区仍然为渝中区。②次发达地区有渝北区、江北区。③欠发达地区相比 2003 年而言变化较大，除了沙坪坝区，涪陵区仍然为欠发达地区，原来为次发达地区的南岸区转变为欠发达地区，原来为落后地区的巴南区、江津区、万州区升格为欠发达地区；原来为次发达的九龙坡区转变为欠发达地区。④落后地区基本变化不大，仍然为 16 个区县，参见表 3。

表 3　三峡库区 26 个区县的经济发展状况空间分布情况（1997～2009 年）

年份	发达地区（2～3.5 分）	次发达地区（1～2 分）	欠发达地区（0～1 分）	落后地区（-1～0 分）
1997 年	渝中区	九龙坡区	夷陵区、江北区、大渡口区、南岸区、沙坪坝区、涪陵区、江津区、万州区、北碚区、长寿区、渝北区	巴南区、开县、丰都县、云阳县、兴山县、忠县、奉节县、巴东县、秭归县、石柱县、武隆县、巫山县、巫溪县
2003 年	无	九龙坡区、渝中区、江北区、南岸区	大渡口区、沙坪坝区、夷陵区、渝北区、北碚区、涪陵区	巴南区、开县、丰都县、云阳县、兴山县、忠县、奉节县、巴东县、秭归县、石柱县、武隆县、巫山县、巫溪县、江津区、长寿区、万州区
2009 年	渝中区	渝北区、江北区	坪坝区、涪陵区、南岸区、巴南区、江津区、万州区、九龙坡区	巴南区、开县、丰都县、云阳县、兴山县、忠县、奉节县、巴东县、秭归县、石柱县、武隆县、巫山县、巫溪县、江津区、长寿区、万州区

总之，近十几年来，三峡库区经济发展存在较大的差异，贫富差距很大。经济发展比较发达的区县主要位于库尾的重庆市市区的渝中区、南岸区、渝北区、江北区、九龙坡区、沙坪坝区等。经济发展比较落后的区县主要位于库腹的巫山县、巫溪县、奉节县、丰都县、武隆县、石柱县等，以及库首的巴东县、兴山县、秭归县。从地理空间分布来看，三峡库区中经济发达的区县主要位于重庆主城及其周边的区县；除了渝东北的万州区及湖北的夷陵区外，经济落后的区县大部分位于渝东北、渝东南的区县。

（三）总体空间格局

1. 总体空间演进特征

运用主成分分析法，分别计算出 1997～2009 年三峡库区经济发展水平的综合得分，然后利用 GeoDa95i 软件计算 1997～2009 年三峡库区经济发展水平得分的全局空间自相关指数 Moran's I，详情参见图 2。通过观察 Moran's I 曲线的走势，我们可以将整个研究时段划分为两个阶段：1997～2003 年为第一阶段，2003～2009 年为第二阶段。第一阶段，全局空间自相关系数 Moran's I 由 0.4107上升到 2003 年的 0.6634，这说明三峡库区空间集聚性逐步增强，库区各个区县之间的经济联系越来越密切，经济发展趋于平衡，区域之间的差异逐渐缩小。第二阶段，全局空间自相关系数 Moran's I 由 0.6634 下降至 0.5613，这说明经济发展较快的区县与经济发展较慢的区县在一起集聚的程度在逐渐增加，导致库区经济总体空间差异在逐步增加，经济发展区域表现出不平衡性，区域之间的经济差异在逐步增大。

由变异系数（CV）在整个研究区间的变化趋势可以得出如下结论：变异系数的变动同样可以分成两个阶段：第一阶段（1997～2003 年），1997 年三峡库区经济的变异系数由 1.213 下降到 1.198，这说明库区经济发展呈现总体上逐渐缩小的趋势；第二阶段（2003～2009 年），三峡库区经济的变异系数由 1.198上升到 1.382，这说明此阶段库区经济发展总体呈现逐步扩大的趋势。

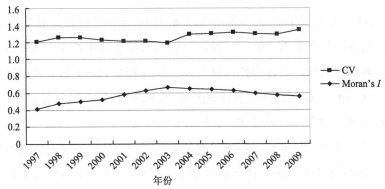

图2 三峡库区经济发展总体空间演进特征（1997～2009年）

2. 总体趋势图分析

本文运用 ArcGIS9.3 分别绘制 1997 年、2003 年、2009 年三峡库区经济发展空间演进的趋势图（图 3）。从整个研究区域来看，经济发展空间演进的拟合值自西向东呈现正 U 形的态势，经济发展自西向东呈现先下降后上升的趋势；经济发展水平自北向南呈现逐渐上升的趋势，上升的幅度比较大，这说明三峡库区南北经济发展差异非常大。总体上说，三峡库区渝西地区经济发展水平较高，渝东地区经济发展水平较低。

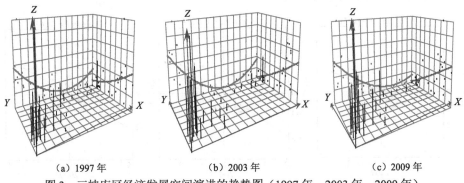

（a）1997 年　　　　（b）2003 年　　　　（c）2009 年

图3 三峡库区经济发展空间演进的趋势图（1997 年、2003 年、2009 年）

（四）局部空间演进特征

全局空间自相关分析只是从整体上剖析了三峡库区经济发展的总体态势，并不代表每个地区在每个年份都是如此。为了进一步分析三峡库区经济发展的空间相关性，需要结合局部空间自相关进行进一步的剖析。我们可以利用 Moran'I 散点图科学分析三峡库区经济发展的局部空间相关性，其中第一象限（HH）代表高值区域，也称为扩散效应区；第二象限（LH）代表低值区域，也称为过渡区；第三象限（LL）代表低值区域，也称为低速增长区；第四象限（HL）代表高值区域，也称为极化效应。[12]

为了进一步分析三峡库区经济发展的局部空间特性，本文选取 1997 年、2003 年、2009 年 3 个时间段作为研究截面，利用 GeoDa95i 软件分别绘制三峡库区 3 个年份经济发展综合得分的 Moran's I 散点图（图 4）。从图 4 可以看出，1997 年、2003 年、2009 年的 Moran's I 值分别是 0.4107、0.6634、0.5613，这说明三峡库区经济发展水平具有较强的空间正相关性。具体说，三峡库区 26 个区县的经济发展水平的空间分布并非呈现出完全随机分布的特征，而是表现出相似值之间的空间聚集的特性。其空间集聚特征具体表现如下：①具有较高得分的区县和较高得分的区县基本相邻；②具有较低得分的区县和较低得分的区县基本相邻。③大部分区县位于第一象限和第三象限，属于高-高和低-低两种聚聚类型，位于第一象限的区县比第三象限的区县少一些，这说明低-低集聚类型要比高-高集聚类型的区县多。

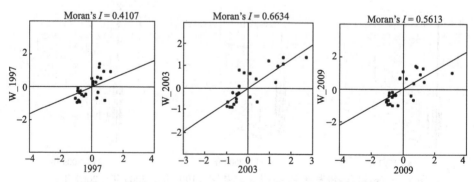

图 4　三峡库区经济发展的 Moran's I 散点图（1997 年、2003 年、2009 年）

从图 4 可知，1997 年、2003 年、2009 年三个时间截面三峡库区经济发展状况空间分布情况如下：

（1）1997 年落入高-高集聚类型（第一象限）的区县有 11 个，占总数的 42.3%；

落入低-低聚集类型（第三象限）的区县有 12 个，占总数的 46.2%，这说明呈空间正相关的区县共占总数的 88.5%。这说明三峡库区经济发展呈现明显的空间二元结构。从整体而言，1997 年有接近一半的区县落入第三象限，低水平区域所占比例较大，这说明三峡库区经济发展的整体水平还较低。

（2）与 1997 年相比，2003 年 Moran's I 散点图落入高-高集聚类型（第一象限）的区县减少为 8 个，占总数的 30.77%，落入低-低聚集类型（第三象限）的区县有 13 个，占总数的 50%。

（3）2009 年落入高-高集聚类型（第一象限）的区县有 8 个；1997～2009 年 12 年间，低-低集聚类型（第三象限）的区县由 12 个增加到 13 个，再增加到 14 个。这说明低水平区域的区县个数在逐步增加，而高水平区域的区县没有显著性变化，这表明三峡库区贫富差距在逐步扩大。

（4）三峡库区经济发展的空间正相关性逐渐增强，空间负相关性逐渐减少，位于第一象限与第三象限县域的个数在 1997～2009 年总体上有所增加，但是增加趋势不太明显，位于第二象限与第四象限的个数在 1997～2009 年总体上有所减少。

从整体上讲，三峡库区 26 个区县的经济发展在空间分布上呈现如下特点：第一，1997～2009 年 12 年间三峡库区一大半的区县落入第三象限，这说明库区低水平区域所占比例较大，三峡库区经济发展的整体水平比较低。第二，三峡库区第一象限主要有主城区的渝中区、南岸区、沙坪坝区、江北区等区县，第三象限主要有渝东地区的巫溪县、巫山县、奉节县等区县，库区之间的贫富差距在逐步扩大。

五、结论与建议

（一）结论

本文通过探索性空间数据分析法与 ArcGIS9.3、GeoDa95i 地统计空间分析工具，以 1997 年、2003 年、2009 年三个时间截面，系统对三峡库区 26 个区县经济发展的空间布局特征进行了全面剖析，对三峡库区经济发展状况提供了实证数据及空间可视化结果。基于三峡库区经济发展的空间特征与问题，本文得出如下结论。

（1）1997～2009 年 12 年间，三峡库区经济发展总体空间布局特征如下：该阶段主要分为以下两个阶段：第一阶段（1997～2003 年），全局空间自相关系数 Moran's I 由 0.4107 上升到 2003 年的 0.6634，这说明三峡库区空间集聚性逐步增强，库区各个区县之间的经济联系越来越密切，经济发展趋于平衡，区域之间的差异逐渐缩小。第二阶段（2003～2009 年），全局空间自相关系数 Moran's I 由 0.6634 下降至 0.5613，这说明经济发展较快的区县与经济发展较慢的区县集聚的程度正在逐渐增加，导致库区经济总体空间差异在逐步增加，区域之间的经济差异在逐步增大。

从整个空间演变趋势来看，三峡库区的经济发展空间演进的拟合值自西向东呈现正 U 形的态势，经济发展自西向东呈现先下降后上升的趋势；经济发展水平自北向南呈现逐渐上升的趋势，上升的幅度比较大，这说明三峡库区南北经济发展差异非常大。从地理空间分布来看，三峡库区中经济发达的区县主要位于重庆主城及其周边的区县；除了渝东北的万州区及湖北的夷陵区外，经济落后的区县大部分位于渝东北、渝东南的区县。

（2）1997～2009 年 12 年间，三峡库区经济发展局部空间布局特征如下：①库区大部分区县位于第一象限和第三象限，属于高-高和低-低两种集聚类型。三峡库区位于第一象限的区县明显比第三象限的区县少一些，这表明高-高集聚类型的区县要比低-低集聚类型的区县少，说明西部贫困山区经济发展整体水平较低，贫富差距较大。②第一象限主要有主城区的渝中区、南岸区、沙坪坝区、江北区等区县，第三象限主要有渝东地区的巫溪县、巫山县、奉节县等区县，这个库区之间的贫富差距在逐步扩大。

（3）本研究的不足之处：仅采用了 9 个衡量经济发展状况的指标，因此，选取多样化的评价指标是今后研究的一个重要方向。

（二）建议

三峡库区经济基础本身比较薄弱，加上生态环境比较脆弱，导致库区不仅仅在经济发展上落后于其他区域,而且在内部空间差异上也存在着较大的差异。因此,如何进一步缩小三峡库区的经济发展与其他地方的差距,最终实现整个库区人民的共同富裕,是三峡库区社会经济发展面临的严峻任务。对此,本文关于三峡库区经济格局演化案例分析的政策启示有以下几点。

(1)三峡库区中较为贫困的区县有必要实施多区域联动的空间经济策略,通过交通设施连接,不断强化核心城市的联动作用;同时,要依托区域内的多个经济增长热点,不断缩小区域之间的空间经济差异。

(2)三峡库区应该充分利用区位条件好的区域,发挥其地缘优势,从少数区位条件较好、空间经济效应较强的地区推动整个库区经济的可持续发展,并充分利用区位条件好的地区,发挥其集聚效应,进而带动整个区域的发展。例如,三峡库区要充分利用重庆主城的几个区县的区位优势,通过其辐射效应与带动作用,进而发挥其对区内外的空间集聚效应。

(3)三峡库区各个区域经济发展极不平衡,因此,要充分认清贫富差距的客观现实及严重性,必须要加强对三峡库区经济落后区域的扶持力度,尽最大力量消除贫困,均衡区域发展。

(4)三峡库区应注重人力资本、科学技术的培育,充分发挥其存在的空间溢出效应,大力发展知识经济。同时,通过知识关联的强化机制,以及不同区域之间分工与合作,从而实现库区区域之间经济发展的收敛。

(5)三峡库区在产业结构的空间分布上往往显示出第一产业比较发达,第二产业、第三产业相对比较落后。因此,三峡库区在产业政策的制定上,应该偏重于农业政策的制定,以调动农户生产的积极性,同时大力发展工业,通过工业反哺农业的政策促进整个区域产业结构的合理化。

(6)在经济政策框架的制定中,应更倾向于经济自然性、经济有效性的经济空间分布,这样才能推动三峡库区产业经济圈的形成。同时,政府应加大对三峡库区经济发展的政策扶持力度,从而推动空间集聚型的生产空间分布模式的形成,从而有效地发挥库区三大产业的综合生产能力。

参考文献

[1] 鲍洪杰, 刘德光. 甘肃省区域经济空间差异分析研究[J]. 工业技术经济, 2011, (9): 50-53.

[2] 曹颖轶. 甘肃省产业空间格局演变及特点[J]. 工业技术经济, 2011, (9): 35-40.

[3] 李博, 石培基, 金淑婷, 等. 甘肃省及其毗邻区经济差异空间演化研究[J]. 经济地理, 2013, (4): 46-51.

[4] 黄飞飞, 张小林, 余华, 等. 基于空间自相关的江苏省县域经济实力空间差异研究[J]. 人文地理, 2009, (2): 85-87.

[5] 渠立权, 张庆利, 陈洁. 江苏省产业结构调整对经济增长贡献的空间分析[J]. 地域研究与开发, 2013, (1): 24-28.

[6] 夏永久, 朱喜钢, 储金龙. 基于 ESDA 的安徽省县域经济综合竞争力空间演变特征研究[J]. 2011, (9): 20-27.

[7] 张可云, 项目. 安徽省各地区 GDP 增长的空间计量研究[J]. 江淮论坛, 2012, (1): 31-35.

[8] 方叶林, 黄震方, 涂玮, 等. 基于地统计分析的安徽省县域经济空间差异研究[J]. 经济地理, 2013, (2): 33-35.

[9] 曾永明, 张国. 基于 GeoDA-GIS 的四川省县域经济空间分异研究[J]. 云南地理环境研究, 2010, (4): 52-58.

[10] 王辉, 苑莹, 刘帆, 等. 辽宁省人口、经济与环境协调发展的空间自相关分析[J]. 人口与发展, 2013, (3): 40-46.

[11] 唐晓旭, 张怀清, 刘锐. 基于 GeoDA 的辽宁省 GDP 空间关联度分析研究[J]. 林业科学研究, 2008, (21): 60-64.

[12] 刘林, 李翠锦. 新疆农村贫困程度测定与扶贫资金动态绩效分析[J]. 西北人口, 2012, (3): 23-28.

[13] 孙才志, 汤玮玮, 邹玮. 中国农村水贫困测定及空间格局机理[J]. 地理研究, 2012, (8): 37-42.

[14] 孙才志, 王雪妮. 基于 WPI-ESDA 模型的中国水贫困评价及空间关联格局分析[J]. 资源科学, 2011, (6): 1072-1082.

[15] 张志斌, 马东刚. 西部贫困地区县域城镇体系的空间组织格局[J]. 西北人口, 2008, (3): 45-49.

[16] 王明黔, 王娜. 西部民族贫困地区反贫困路径选择辨析[J]. 贵州民族研究, 2011, (4): 50-53.

[17] 王雪妮, 孙才志. 1996—2008 年中国县级市减贫效应分解与空间差异分析[J]. 经济地理, 2011, (6): 32-36.

[18] 潘文卿. 中国的区域关联与经济增长的空间溢出效应[J]. 经济研究, 2012, (1): 30-34.

[19] 刘月, 师谦友, 李华, 等. 基于主成分—聚类分析的贫困县(区)经济发展研究——以陕南地区国家级贫困县(区)为例[J]. 资源开发与市场, 2012, (28): 131-133.

[20] 黄飞飞, 张小林, 余华, 等. 基于空间自相关的江苏省县域经济实力空间差异研究[J]. 人文地理, 2009, (2): 84-88.

[21] 鲍洪光, 刘德光. 甘肃省区域经济空间差异分析研究[J]. 工业技术经济, 2011, (9): 54-59.

[22] 贾万敏, 何建敏. 主成分分析和因子分析在评价区域经济发展水平中的应用[J]. 现代管理科学, 2007, (9): 19-20.

Research on Spatial Evolution Characteristics of Economic Development in Three Gorges Reservoir Area—Based on the Statistical Analysis of Geography

Hu Jiangxia

（National Research for Upper Yangtze Economy, Chongqing Technology and Business University, Chongqing 400067）

Abstract: The core of geographic statistical analysis is understanding the data which related to geography. We can establish a statistical relationship between the data of spatial location, by understanding the spatial difference or relation between data. This paper makes use of principal component analysis method to calculate comprehensive score of economic development of the Three Gorges Reservoir Area, making the comprehensive score as the main indicator of economic development. This paper analyzes the overall spatial layout and local spatial layout of economic development in 1997-2009 in the Three Gorges Reservoir Area, by using the statistical analysis tools of GeoDa95i, ArcGIS9.3. The overall spatial layout of the Three Gorges Reservoir Area is as follows: the fitted values of economic development's increased value is a U type, from the west to the east, keeping the trend of decreasing first and increasing afterward, while the economic development of the added value increases gradually from the north to the south. Local spatial layout is as follows: The positive spatial correlation of economic development of the added value in the Three Gorges Reservoir Area increases gradually, while the spatial negative correlation reduces gradually.

Keywords: Three Gorges Reservoir Area; economic development; statistical analysis of geography; spatial analysis

Research on Spatial Evolution Characteristics of Economic Development in Three Gorges Reservoir Area—Based on the Statistical Analysis of Geography

绿色发展视角下三峡库区产业结构优化分析*

孙红宇

（重庆工商大学经济学院，重庆 400067）

摘　要：自三峡库区开发建设以来，环境生态约束极大地制约了该区域的可持续发展。本文基于绿色发展视角，提出了一套评价产业结构合理化和高度化的指标体系，并对三峡库区进行了相应的实证分析。经验分析结果表明，库区工业发展仍具有高消耗、高污染、低产出的特征，生态环境破坏较大。为实现库区可持续发展，应着力推进传统产业升级改造，大力发展节能环保产业并积极发展高新技术产业。

关键词：绿色发展；三峡库区；产业结构优化

一、引　言

三峡库区重庆段位于长江中上游结合部，地理范围广阔，涵盖万州区、渝北区、涪陵区、长寿区、巴南区、奉节县、丰都县、江津区、巫山县、武隆县、

---

*作者简介：孙红宇（1993—），女，土家族，湖北宜昌人，硕士研究生，主要研究方向为产业结构与布局。

云阳县、巫溪县、忠县、开县、石柱县。2014 年，三峡库区第一产业所占比重为 9.2%，第二产业所占比重为 50.1%，第三产业所占比重为 40.7%，总体处于"二三一"的产业结构阶段，而且产业层次较低。与此同时，库区环境污染状况不容乐观，如工业企业高硫煤的使用曾导致重庆—涪陵—万州一带成为中国酸雨污染最严重的地区之一。2015 年，《国民经济和社会发展第十三个五年规划纲要》提出了创新、协调、绿色、开放、共享的发展理念，坚持绿色发展，必须坚持节约资源和保护环境的基本国策。显然，在绿色发展理念下推进三峡库区产业结构优化升级是当前及今后一段时期内的重要任务之一。

迄今为止，国内关于产业结构优化的研究总体上可以归为三类，即全球化背景下的产业结构优化战略研究、基于可持续发展理论的产业结构优化战略研究和保障产业结构优化战略实施的经济体制、公共政策和技术自主创新等方面的研究，下面对此进行简要综述[1-3]。

对于全球化背景下的产业结构调整，吴向阳[4]指出，我国当前应充分考虑产业全球化的背景和我国国情，既要大力发展技术含量高的劳动密集型产业，也要重点发展高端技术产业。邓易元[5]从产业结构优化的内涵和途径着手分析，构建了包含开放化、集聚化、安全化、高度化和合理化五个方面的全球化背景下国家产业结构优化评估体系。戴罗仙和黄娜[6]对保障产业结构优化战略的公共政策方面进行研究，发现我国产业结构仍存在较为突出的问题，因此采取间接优惠为主、产业优惠为辅的产业导向型税收优惠政策，对我国产业结构的优化升级具有十分重要的意义。20 世纪 90 年代，如何在可持续发展条件下实现产业结构的调整和优化，逐渐成为国内学者们关注的问题。王辅信、张立存和胡国强[7]倡导现代化建设必须把实现可持续发展作为一个重大战略，要将控制人口、节约资源、保护环境纳入优化产业结构的重要内容，转变目前我国经济增长方式。而绿色发展理论的研究刚刚起步，夏泰凤和董瑞芝[8]认为，绿色发展的核心就是实行低度消耗资源的生产体系；使经济持续稳定增长、经济效益不断提高的经济体系；保证社会效益与社会公平的社会体系；不断创新和充分吸收新技术、新工艺、新方法的技术使用体系；合理开发利用资源，保护生态平衡。目前，国内对绿色发展模式下的产业结构优化战略研究比较少[9]。

本文拟从绿色发展视角下研究三峡库区产业结构优化情况，主要包括下述几个部分的内容：首先是分别从产业结构高度化和合理化来论述绿色发展视角下产业结构优化内涵；其次是在传统的产业结构优化的判别基础上，加入绿色化，分别从经济、社会、生态环境、科技这几个角度选取相应的指标对三峡库区产业结构优化进行考察；最后提出三峡库区应着力推进传统产业升级改造、大力发展节能环保产业并积极发展高新技术产业。

二、基于绿色发展理念的产业结构优化评价模型

（一）绿色发展视角的产业结构优化内涵

绿色发展视角的产业结构优化是要在绿色发展和产业结构优化之间达到一种双赢的结果，不仅仅做到产业结构合理化、高度化，同时也应使产业结构绿色化[10]。其中，绿色发展视角下的产业结构高度化主要是针对产业的可持续发展，将产业结构生态化、绿色化等纳入产业结构优化内涵。在绿色发展的指导下，对于如何平衡重工业化的增长和资源消耗、环境破坏情况，以及如何保证经济高效率、高效能、高效益的可持续发展具有极其重要的意义。而绿色发展视角下的产业结构合理化是指产业结构应做到与需求结构、供应结构及环境支撑力相协调，不仅要在配置影响经济增长的各要素时充分考虑到资源环境禀赋的约束，也必须要将要素的实际价格纳入考虑范围，从而实现产业结构的合理规划。

（二）绿色发展视角的产业结构优化评价指标体系

以绿色发展下产业结构优化评价原则为指导，结合绿色发展理念对产业结构高度化和合理化判别做出适当调整，构成了绿色发展视角下的产业结构优化评价体系[10]。通过设置相应指标判断当前三峡库区产业发展水平，进而认识评

价当前产业结构优化水平。参照夏泰凤和董瑞芝[11]提出的绿色发展战略的概念，本文从经济、社会、生态环境、科技四大层面来选取相应的指标进行考察，具体如下。

1. 经济层面

选取 GDP 总量、人均 GDP、GDP 增长率、第三产业占 GDP 的比重几个指标。其中，GDP 总量与人均 GDP 反映出经济发展情况，第三产业占 GDP 的比重反映出产业结构的优化水平，上述这些指标可作为经济发展水平的数量判别指标。

2. 社会层面

可以考虑居民实际生活需求，从居民就业、贫富差距、社会保险福利等方面选择对应的判别指标。具体选取了城镇登记失业率、城乡收入水平差异、基尼系数、城市居民最低生活保障人数、社会福利收养单位床位数、恩格尔系数。其中，居民就业状况可以通过城镇登记失业率反映出来；库区当前贫富差距状况则可以通过城乡收入水平差异、基尼系数反映出来；居民可享受的社会保险福利和生活水平提高情况可以通过城市居民最低生活保障人数、社会福利收养单位床位数、恩格尔系数加以体现。这些指标反映了整个社会的和谐程度，也是绿色发展的重要要求。

3. 生态环境层面

在生态环境层面，环境治理的投入、三废排放及处理率等方面都能有所体现。具体可以选取工业固体废物综合利用率、工业废气排放量、工业废水排放达标率、生活污水及垃圾处理率、环境污染治理投资总额占 GDP 比重等作为生态环境层面的判别指标。

4. 科技层面

科技层面主要从提高科研实力的角度进行考量，选取高新技术产品进出口额、R&D 的投入比重、高技术制造业总产值、高技术制造业主营业务收入、软件业主营业务收入这些指标。但是由于数据限制的原因，对于三峡库区产业结构优化的判别，本文只选择了一些具有代表性的指标，具体如表1所示。

表1　绿色发展视角下三峡库区产业结构优化判别体系

考察角度	具体指标
经济	GDP 总量、人均 GDP、GDP 增长率、第三产业占 GDP 的比重
社会	农村居民家庭人均收入、农村居民家庭恩格尔系数、城镇非私营单位就业人员年平均工资、城市居民最低生活保障人数、城镇便民利民服务网点、城镇失业率
生态环境	工业能源消耗总量、工业废水排放达标率、工业废气排放量、生活污水及垃圾处理率
科技	高技术制造业总产值、高技术制造业主营业务收入、软件业主营业务收入

三、经验分析：以三峡库区（重庆）为例

（一）经济层面的产业结构优化评价

1. 产业发展总体评价

三峡库区经济发展的主要指标如表2所示。

表2　三峡库区经济发展的主要指标

年份	地区生产总值/亿元	人均 GDP/元	GDP 增长率/%	第三产业占比/%
2010	3 097.72	20 406	23.9	31.2
2011	4 000.11	26 105	29.1	30.1
2012	4 530.63	29 456	13.3	33.8
2013	5 062.21	32 712	11.7	40.6
2014	5 609.57	36 123	10.8	40.7

资料来源：《重庆统计年鉴 2015》

从表2的数据来看，三峡库区近几年来地区生产总值快速增长，第三产业的比值在 2013 年和 2014 年也持续维持在 40%左右，表明第三产业比重虽有所

提高，但近几年发展较为缓慢。第三产业具有污染小、附加值高的特点，所以库区应加大对第三产业的投入。

2. 三次产业结构性评价

总体来看，库区经济遵循传统发展方式，其产业结构处于"二三一"产业结构阶段。由图1可知，产业结构的发展基本趋势是第二产业比例较高，远大于第一产业，相对较接近第三产业。第一产业所占比重较小，并呈逐年递减的趋势。

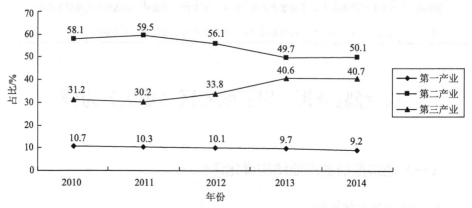

图 1　三峡库区三大产业产值所占 GDP 比重

资料来源：《重庆统计年鉴 2015》

1）第一产业

长久以来，三峡库区的农业产业都按照传统的农业生产模式进行，其农业生产结构以典型的"粮猪型"结构为主，结构相对单一[12]。而且长期以来，库区农民由于受到传统农业的束缚，一直采取开荒种地、毁林造田的生产方式，使库区遭受了"越垦越荒，越穷越垦"的恶性循环，并且以库区生态环境的严重破坏为代价。

2）第二产业

虽然库区工业在国民经济中所占比重变化很小，但工业生产总值则是较为迅速地增长，2014 年库区工业总产值达到了 2010 年的 2.1 倍。三峡库区内重工业占有较大的比重，而轻工业所占比重较小，目前的发展是较为落后的水平。

近年来，由于库区规模移民搬迁，国家因此加大了对库区基础设施建设的投入，造成了库区第二产业中建筑业产值所占比重较大。由于库区重量不重质的产业发展模式，产业发展项目主要集中在劳动密集型的初级加工制造业和资源密集型的化工产业[13]。

3）第三产业

三峡库区服务业占整个国民经济比重由 2010 年的 31.2%提升至 2014 年的40.7%，极大地推动了库区经济的增长。但从横向比较来看，库区服务业还是处于相对落后的发展水平，2014 年库区服务业创造总产值为 2809.02 亿元，仅占重庆市同期产值的 42%，主要集中于以交通、商贸为主的传统服务业，高科技新兴产业则发展相对滞后。并且库区没有充分利用得天独厚的旅游资源，与旅游相关的社会服务业目前仍没有完善的体系，对旅游资源的开发利用不够充分，没有使库区旅游业得到迅速发展[14]。

（二）社会层面的产业结构优化评价

三峡库区农村居民人均收入、社会福利及恩格尔系数如表 3 所示。

表 3　三峡库区农村居民人均收入、社会福利及恩格尔系数

年份	三峡库区农村居民家庭人均收入/元	城镇非私营单位就业人员年平均工资/元	城镇便民利民服务网点/个	城市居民最低生活保障人数/人	三峡库区农村居民家庭恩格尔系数/%	重庆市农村居民家庭恩格尔系数/%
2010	5 284.68	33 982	3 702	324 572	49.7	48.3
2011	6 546.81	36 070	3 867	311 565	48.2	46.8
2012	7 507.66	40 629	3 901	277 206	46.2	44.2
2013	8 503.43	45 403	4 010	258 255	44.9	43.8
2014	9 398.32	50 422	4 562	237 069	43.1	42.3

资料来源：《重庆统计年鉴 2015》

由表 3 可知，三峡库区人民生活水平呈逐年上升的趋势，农村居民家庭人均收入也稳步提升，2010~2014 年 5 年间增长了近 2 倍。城镇非私营单位就业人员年平均工资在 5 年内上涨了近 1.5 倍。城市居民最低生活保障人数逐年减

少，并且库区内城镇便民利民服务网点也在这 5 年间增加了 860 个。库区居民的社会福利也逐渐完善，并且农村居民家庭恩格尔系数也逐年降低，由 2010年的 49.7%下降到 2014 年的 43.1%，说明三峡库区农村居民的生活条件正在逐步改善，农民有了更多的收入去进行食品以外的消费。但与重庆市相比还有较大的差距，库区同年农村居民家庭恩格尔系数均高于重庆市。

由表 4 可以看出，三峡库区城镇失业率虽然呈逐年递减的趋势，但是与重庆市相比，仍有较大的差距，从 2010 年到 2014 年库区人口基数不断增大，说明未就业人口也越来越庞大，这与机器的普及有一定的关系，但同时也反映出第三产业的发展不足，对劳动力的吸纳没有充分发挥作用。

表 4   三峡库区及重庆市城镇失业率　　　　　　　　（单位：%）

年份	三峡库区城镇登记失业率	重庆市城镇登记失业率
2010	5.3	4.3
2011	5.2	4.2
2012	4.6	3.6
2013	4.2	3.1
2014	4.3	3.4

资料来源：《重庆统计年鉴 2015》

（三）生态环保层面的产业结构优化评价

从产业结构的整体性来看，三峡库区产业结构体系中仍然有较大的不完善之处，主要表现为环保产业发展不足。表 5 为美国环保产业的构成及产值构成，通过与美国环保产业产值比较[15]，可以看出，三峡库区目前的环保产业仍有很大的差距，2013 年和 2014 年三峡库区规模以上工业能源消耗总量分别为1703.69 万吨标准煤、1766.61 万吨标准煤，但回收再利用能源总量却很低。库区仅仅依靠现有的一些废品回收公司，对各产业的资源不能进行大量回收和再利用，更是基本没有涉猎环境测试与分析服务、对环境的咨询与设计等方面的内容。对于环境资源方面，库区水资源利用、工业的副产品与废旧物品回收，以及转化利用清洁能源方面的发展仍位于低端水平。

表5 美国环保产业的构成及产值构成

分类	内容	产值/%
环保服务	危险废物管理、固体废物管理、环境测试与分析服务、修复服务、废水处理工程、咨询与设计	50
环保设备	水处理设备与药剂、大气污染控制设备、废物管理设备、仪器与信息系统清洁生产与污染预防技术	26
环境资源	水资源利用、资源回收、清洁能源	24

从能源使用状况看，经济发展和能源供应之间的矛盾日益突出，其矛盾的主要缘由是库区经济总量小，结构矛盾突出，高耗能企业多。以万州区为例，2013年全区电力需求比2012年增长了16.2%。科华、腾龙、恒隆、索特、重啤等大型高能耗工业企业相继建成投入生产，其生产规模也在不断扩大，使得电力需求增长迅速。同时，工业企业的天然气耗用量也呈逐年扩大的趋势，2013年为15 200万立方米，占全区总耗用量的45.67%。从环境污染状况看，快速发展的库区工业是以生态环境的污染和破坏为代价的。工业企业高硫煤的使用导致三峡库区重庆—涪陵—万州一带为中国酸雨污染最严重的地区之一，造成了大量的人力、物力和财力的损失和浪费。

由表6可知，三峡库区工业废水的排放量虽逐年减少，但是排放总量仍较大。这与工业化的快速推进关系密切，反映出目前三峡库区工业占主体地位，农业和第三产业发展则相对不足，同时也反映出在经济增长的过程中，对于环境污染的控制和治理有待提高。

表6 三峡库区污染源废水排放量

年份	工业污染源废水排放量/亿吨	城镇生活污水排放量/亿吨	库区船舶油污水产生量/万吨
2010	3.19	6.15	48.13
2011	1.91	7.06	49.59
2012	1.73	7.31	51.02
2013	1.90	7.87	50.0
2014	2.12	7.94	43.9

资料来源：《长江三峡工程生态与环境监测公报2015》

2014 年，三峡库区城镇污水处理厂共 124 家，比上年增加 4 家。其中，湖北库区 24 家，重庆库区 100 家，三峡库区污水处理厂污水设计日处理能力为 252.47 万吨，收集处理率达到 75%。首批 13 座垃圾处理厂日处理垃圾达到 2080 吨，处理率也达到 91%。截至 2014 年 9 月，三峡库区生活污水、垃圾处理率分别达到 75%和 88.3%；船舶排放油污水 43.9 万吨，比 2013 年减少了 6.1 万吨，处理率达到 98.2%，其环境污染治理已初具规模。

生态环保方面的发展对于绿色发展下的产业结构优化具有十分重要的意义，目前三峡库区的主要问题是经济发展的同时，对生态环境的重视不够，尤其是在经济投入方面生态环境意识表现十分淡薄。鉴于我国在工业化快速推进过程中对生态环境已经产生了比较大的破坏，生态环境会在产业结构优化过程中产生较大的制约作用。绿色发展下的产业结构优化要对生态环境方面予以高度重视，综合考虑"三废"处理、能耗、节约资源等方面，发展环保产业，淘汰落后产能并合理调整现有的产业布局。

（四）科技层面的产业结构优化评价

由表 7 可知，2012 年，三峡库区高技术产业完成总产值为 5 471 160.8 万元，同比增长 7.9%；实现主营业务收入 5 293 011.1 万元，同比增长 11.4%。2012 年，高技术产业增加值占整个库区工业增加值的 26.5%，占整个库区 GDP 的 12.1%，高技术产业成为三峡库区经济发展新的增长点，但高新技术产业总产值占地区生产总值的比例与重庆市乃至全国都有较大的差距，较低的技术水平直接造成了三峡库区较低的劳动生产率及低层次的产业发展水平，导致了产业结构优化和升级步伐缓慢，阻碍了绿色经济的发展。

表 7　三峡库区高技术产业产值情况　　　　　　　　　　（单位：万元）

年份	高技术制造业总产值	高技术制造业主营业务收入	软件业主营业务收入
2009	4 356 230	4 131 803	582.6
2010	5 414 534	5 245 374	621.9
2011	5 072 309.2	4 750 778.8	824.5
2012	5 471 160.8	5 293 011.1	6 640.3

资料来源：《重庆统计年鉴 2013》

综上所述,当前三峡库区产业结构优化在绿色发展方面已经取得了一定的成绩,在促进经济发展方面比较明显,地区生产总值稳步提高,但三次产业间比例不协调,第一产业结构低度化严重,第二产业高污染、高能耗的重化工业比重过大,第三产业发展的相对滞后制约着经济绿色增长。社会的健康发展是产业结构进一步优化的软环境,对绿色发展下的产业结构优化有十分重要的意义。但库区在社会发展、生态环保和科技进步方面还存在着较大的差距,尤其是在社会发展方面其不足较为明显,库区同年农村居民家庭恩格尔系数均高于重庆市。城镇失业率虽然呈逐年递减的趋势,但库区人口基数不断增大,未就业人口也越来越多。库区经济发展给资源环境造成了很大的负担,忽略了对生态环境的重视,虽然库区目前在生态环保方面的投入正逐步加大,从各项生态环保指标的逐步提高可以得到验证,但是并未取得实质的进步。高技术产业正成为三峡库区经济发展新的增长点,但与整个重庆市相比仍有较大差距,在科研人才培养和高新技术发展方面也还存在较大的不足之处。

四、对策建议

(一)着力推进传统产业升级改造

三峡库区内重工业化发展过程中能源消耗高、产出低,且库区工业发展以环境污染和破坏为代价,所以应秉承生态化、智能化、低碳化理念,充分考虑各区县的发展现状与特色优势,对产业定位进行重新优化,拟定产业发展导向目录,对不符合新产业定位或难以实施改造升级且对周边环境影响较大的企业逐步实施关停、搬迁或淘汰,从而促进传统工业升级改造,大力发展低能耗、低排放、可持续发展的生态工业。库区内各区县应将原生态精品农业为发展目标,转变传统的资源开发利用和依靠土地的生产模式,利用现有的农业生产基础,改变农业经济结构,建立生态农业循环体系。三峡库区服务业整体发展水平不高,低端服务规模小、比重大,所以三峡库区首先要优化服务业内部结构,着重推进服务业升级改造，加强在金融、保险及科学研究领域的投资。另外，旅游业是三峡库区最具特色的绿色产业，应立足库区内好山好水的生态基础，以特色化、精品化、综合化为发展导向，突出民俗文化，推进旅游产品的多元化开发。

（二）大力发展节能环保产业

库区应积极调整并优化其能源结构，大力发展低碳和无碳能源。利用先进的节能技术、工艺及设备，对现有能源体系的整体效率及煤炭利用效率进行提高，要将传统工业对化石能源的过度依赖逐步减少，努力做到生产低碳化。同时，对于新能源和可再生能源要大力发展，对于库区丰富的水能、太阳能、风能等清洁能源要充分利用，使能源供应多样化和低碳化。库区应全面推行清洁生产，对城镇污染物排放总量实施控制，确保污染物排放达标。对城镇生活污水和垃圾处理设施要加快建设力度，同时也要对工业"三废"治理和城镇生活废弃物加大处理力度。加强城镇废旧资源回收和综合利用工作，提高城镇污水处理技术效率，大力开展生活垃圾资源化技术的研究和开发。同时也要大力发展再生资源产业，使生活和工业垃圾变废为宝、循环利用，努力做到节约资源，净化环境。

（三）积极发展高新技术产业

高新技术产业本身具有低能耗、高附加值、环保型的特点，是产业结构高级化的发展方向，同时也遵循了发展绿色经济的内在需要。库区要重点推进高技术产业的发展，努力增强库区高技术产业对经济增长的带动作用。对高新技术的投资力度、研究和开发水平需要提高。从资金上加强对高新技术产业的研究和成果转化投入，尤其是在信息、生物、新能源等一些重要领域；在基础建设上，要推动高新技术园区建设，鼓励工业企业向园区内集中，提高园区产业集聚规模和集聚效应，将园区建设成库区集聚发展的平台，通过园区的集聚作用实现规模化和信息共享，增强高新技术产业对于整个产业的带动作用；而对于高新技术产业的发展，应该积极推出科技创新制度机制，完善人才激励和约束机制，在投资融资平台建设上可以积极引导风险投资促进高新技术产业发展。

·············· 参考文献 ··············

[1] 胡乐明, 王杰. 经济全球化与我国经济结构优化关系研究[J]. 经济纵横, 2012, (03): 49-53.

[2] 张唯实, 胡坚. 产业结构优化与中国经济可持续发展研究[J]. 理论探讨, 2011, (01): 88-90.

[3] 刘治彦. 关于我国经济结构优化问题的思考[J]. 青海社会科学, 2013, (02): 1-5.

[4] 吴向阳. 全球背景下我国产业结构调整政策取向分析[J]. 商业研究, 2003, (21): 24-26.

[5] 邓易元. 经济全球化下的国家产业结构优化评估体系构建研究[J]. 生产力研究, 2011, (06): 146-147.

[6] 戴罗仙, 黄娜. 税收优惠政策与我国产业结构优化升级[J]. 经济问题, 2007, (05): 106-108.

[7] 王辅信, 张立存, 胡国强. 中国各地区投入产出分析与产业结构调整变化研究[J]. 数量经济技术经济研究, 1998, (09): 42-44.

[8] 夏泰凤, 董瑞芝. 可持续发展与绿色发展战略[J]. 农村经济与科技, 2006,(5): 6-7.

[9] 李鸣, 平瑛. 产业结构优化理论综述及新进展[J]. 黑龙江农业科学, 2010, (3): 116-120.

[10] 史忠良, 赵立昌. 绿色发展背景下我国产业结构调整[J]. 管理学刊, 2011, (24): 32-37.

[11] 祁亚如. 绿色视角下天津市产业结构优化的研究[D]. 天津: 天津财经大学硕士学位论文, 2013.

[12] 何悦. 后三峡时期三峡库区产业结构现状及优化对策[J]. 产业经济, 2015,(3): 80-132.

[13] 梁福庆, 刘福松. 三峡工程库区低碳经济发展探讨[J]. 低碳经济, 2011, (12): 62-64.

[14] 刘建华. 库区经济产业结构优化探讨[J]. 经济论坛, 2011, (8): 37-39.

[15] 张凯. 绿色发展视角下我国产业结构优化战略研究[D]. 北京: 北京邮电大学硕士学位论文, 2011.

Study on Optimization of Industrial Structure of the Three Gorges Reservoir Area in the Context of Green Development

Sun Hongyu

（School of Economics, Chongqing Technology and Business University, Chongqing 40006）

Abstract: Along with the development and construction of the Three Gorges Reservoir Area, ecological and environmental constraints greatly restrict the sustainable development of the region. Based on the perspective of green development, this paper puts forward the evaluation index system of industrial structure rationalization. In this paper, an empirical analysis is made on the Three Gorges Reservoir Area. The test results show that, the industrialization development of the reservoir area still has the characteristic of traditional high consumption, high pollution and low output, and there is serious damage to the ecological environment. In order to realize the sustainable development of the reservoir area, the region should focus on the transformation of traditional industries, vigorously develop energy-saving and environment-friendly industry, and actively develop high-tech industries.

Keywords: green development; Three Gorges Reservoir Area; optimization of industrial structure

基于三阶段DEA模型的三峡库区农业生产效率研究*

邓淑娟

（重庆工商大学长江上游经济研究中心，重庆400067）

摘　要： 本文收集 2003～2012 年三峡库区 26 个区县关于农业生产的指标数据，运用三阶段DEA（数据包络分析）和Malmquist生产率指数方法，对各区县农业生产效率进行系统测度，再运用面板数据模型对三峡库区农业生产效率的影响因素进行检验分析。根据实证分析结果，从增加财政支农力度、发展农业规模化经营、提高资源利用效率、加大农业科技研究与推广、加强库区农业生态建设等几个方面得出库区农业生产效率发展情况。

关键词： 三峡库区；农业生产效率；三阶段 DEA；Malmquist 生产率指数；影响因素

一、引　言

自 1978 年改革开放以来，我国在农业生产上取得了突出的成绩，农业总产

---

*作者简介：邓淑娟（1989—），女，重庆工商大学硕士研究生，研究方向为区域经济。

值由 1978 年的 1117.50 亿元增长到 2013 年的 51 497.37 亿元。但长时期以来，我国农业经济仍然是自给自足的小农经济，生产方式粗放，农业科技应用水平及农业管理能力不高，难以适应大市场。随着"三农"工作的逐步深化，农业增长方式由粗放型转向集约型成为时代的选择，我国的农业生产方式也将发生革命性的转变，在此过程中，农业生产效率受到越来越多的关注。

在我国，从 1986 年开始，中国学者从事 DEA 的研究，并逐步将其运用到农业生产效率方面。周宏和褚保金[1]提出资源的有限性决定了农业长期增长的根源是农业生产效率的提升。蒋乃华[2]通过对农民收入变动的阶段性，以及农业实际产出对农民经营收入影响进行定性分析表明，农业经营纯收入下降的直接原因是农业生产效率的降低，并用实证证明了这一点。吴玉鸣[3]运用计量经济学模型进行实证研究，提出中国省域的农业产出最主要的决定性因素为劳动和资本。李周和于法稳[4]采用 DEA 模型研究了技术效率、规模效率，以及全要素生产率（TFP）与农业可持续性间的关系。马凤才等[5]采用 DEA 模型对黑龙江省县域农业生产效率进行了定量和定性研究，并以此为基础对黑龙江省农业生产的可持续性进行了探讨；李静和孟令杰[6]指出 1978 年来我国农业 TFP 的增长推动的主要力量是由技术进步、技术效率对 TFP 产生了不利影响，而规模效应和混合效应对 TFP 的影响较弱。李谷成等[7]指出技术进步一直是 TFP 增长的直接动力，规模经济的作用很弱。曾先峰和李国平[8]采用 DEA 方法进行实证发现 1980～2005 年我国 TFP 平均年增长速度为 2.2%，其中 TC 为 4.2%，而 TE 则以 1.9%的速度恶化。全炯振[9]发现中国农业 TFP 增长主要为技术诱导型的增长。封志明等[10]指出要从微观和宏观两方面来实现农业资源高效利用，微观上从技术集成上入手；宏观上要最大限度发挥资源整体优势；汪旭辉和、刘勇[11]从科技导向型农业建设、农业人力资源调整、农业生产组织化程度等方面，提出了提升农业生产效率的对策。

鉴于我国农业的具体情况，DEA 方法在农业领域的应用较为广泛，众多学者在该领域进行了大量有价值的研究，提出了许多中肯的建议；三峡库区农业经济的研究取得了丰富的成果，有力地促进了三峡库区农业健康的可持续发展。但还存在不足之处：国内大部分文献对省域的效率分析较多，对县域的分析较少，且农业生产效率的内部差异分析不够深入。对农业生产效率大多是从静态分析或者动态分析的角度进行研究，把两者结合在一起使用的较少。对三峡库区农业生产效率方面的研究较少，而这对提高三峡库区农业生产效率，实现农业可持续发展至关重要。

　　为此，本文以库区各区县为研究对象，利用三阶段 DEA 和 Malmquist 生产率指数相结合的分析方法对三峡库区各区县农业生产效率做静态和动态分析，找出各区县内部差异，分析各区县农业生产效率的发展情况。

二、三阶段 DEA 农业生产效率分析

（一）指标选取

　　利用三阶段 DEA 模型对三峡库区农业生产效率进行研究，主要需要使用两大类指标：第一类是传统 DEA 所要使用到的投入产出指标；第二类是在第二阶段引入 SFA 模型（随机前沿分析模型）后要使用到的外部环境指标。

　　结合指标选取的综合性、重要性、科学性、可行性等原则，参考国内学者使用 DEA 方法测度农业生产效率时采用的指标，主要从土地、劳动力、物质三方面选择投入指标，其中农作物总播种面积、化肥、农业机械投入量、农业从业人员、灌溉投入等几个指标使用频率较高；在产出指标上，大部分学者使用的是农林牧渔业总产值。

　　本文结合三峡库区数据的可获得性、科学性及三阶段 DEA 模型，选择以下投入指标：第一产业从业人员（万人）、农作物播种面积（千公顷）、农用化肥使用量（折纯）（万吨）、农药使用量（万吨）、农用机械总动力（万千瓦·时）；产出指标：农林牧渔业总产值（亿元）。在环境指标选取方面，尚未形成统一的标准，本文参考已有的文献，综合考虑库区实际情况和数据的可得性，主要选择以下几个指标：农民居民人均纯收入（元），农民收入的提高

能促进农村居民劳动积极性的提升，进而对农业生产效率产生影响；城镇化率、城镇化水平的提升意味着农村人口向城镇人口转移，解决我国"人多地少"的矛盾，使农业生产要素配置日趋合理化，从而将对农业生产效率产生影响；地方财政支出（亿元），地方财政支出主要用于地方基础设施建设，基础设施的完善对农业生产作用显著，预期地方财政支出的增加将对农业生产效率的提升产生正的影响；二三产业占 GDP 比重，三大产业的发展具有高度相关性，二三产业的发展为农业发展提供物质资料及技术支持，对农业生产效率具有重要作用。

文中三峡库区数据直接或者间接来源于《重庆统计年鉴》（2004～2013 年）、《宜昌统计年鉴》（2004～2013 年）和《湖北统计年鉴》（2004～2013 年）。本文将主城九区看成一个地理单元，另外，由于渝中区早已达到 100% 城镇化，故将其剔除。按照各个指标属性，其数据由原始数据直接加总或者间接计算而得到。

（二）三阶段 DEA 分析

1. 第一阶段——传统一阶段 DEA 分析

本阶段使用的是 DEA2.1 中投入为导向的可变规模模型对研究对象 2003～2012 年的技术效率、纯技术效率和规模效率进行测算。

1）纯技术效率分析

由表 1 可以看到，库腹地区涪陵区仍然靠后，但呈逐年上升趋势，由 2003 年的 0.52 上升到了 2012 年的 0.76；库腹地区万州区、开县、云阳县、石柱县技术效率各年呈上升趋势，江津区、巫山县达到 DEA 有效，其他区县呈波动状态；库首地区秭归县靠后，并与其他三个区县有一定差距。

表 1　三峡库区第一阶段纯技术效率

区域	县区	2003 年	2004 年	2005 年	2006 年	2007 年	2008 年	2009 年	2010 年	2011 年	2012 年
库尾	主城八区	0.90	0.98	1.00	1.00	1.00	0.96	1.00	1.00	0.87	1.00
	江津区	1.00	1.00	1.00	1.00	1.00	1.00	1.00	1.00	1.00	1.00
	长寿区	0.83	0.87	0.90	0.91	0.91	0.73	0.78	0.85	0.87	1.00
	平均值	0.91	0.95	0.97	0.97	0.97	0.90	0.93	0.95	0.91	1.00

续表

区域	县区	2003 年	2004 年	2005 年	2006 年	2007 年	2008 年	2009 年	2010 年	2011 年	2012 年
库腹	涪陵区	0.52	0.53	0.57	0.53	0.60	0.49	0.47	0.64	0.67	0.76
	万州区	0.51	0.52	0.61	0.65	0.46	0.67	0.74	0.73	0.80	0.81
	丰都县	0.79	0.79	0.86	0.91	1.00	1.00	0.98	0.89	0.93	0.97
	武隆县	1.00	1.00	1.00	0.92	0.90	0.88	0.90	0.87	0.80	1.00
	忠县	0.73	0.69	0.73	0.78	0.78	0.66	0.67	0.67	0.64	0.83
	开县	0.62	0.60	0.62	0.67	0.65	0.71	0.71	0.79	0.85	0.88
	云阳县	0.72	0.79	0.82	0.91	0.86	0.78	0.90	0.91	0.98	0.99
	奉节县	0.81	0.73	0.75	0.75	0.67	0.46	0.65	0.66	0.72	0.96
	巫山县	1.00	1.00	1.00	1.00	1.00	1.00	1.00	1.00	1.00	1.00
	巫溪县	0.95	0.90	0.81	0.85	0.86	0.64	0.67	0.67	0.63	0.97
	石柱县	0.58	0.58	0.63	0.80	0.89	0.71	0.62	0.60	0.56	0.91
	平均值	0.75	0.74	0.76	0.80	0.79	0.73	0.76	0.77	0.78	0.92
库首	兴山县	1.00	1.00	1.00	1.00	1.00	1.00	1.00	1.00	1.00	1.00
	秭归县	0.72	0.72	0.69	0.76	0.71	0.82	0.79	0.84	0.83	0.91
	夷陵区	0.83	0.81	0.86	0.92	0.83	0.92	0.95	0.98	1.00	1.00
	巴东县	1.00	1.00	1.00	1.00	1.00	1.00	1.00	1.00	1.00	1.00
	平均值	0.89	0.88	0.89	0.92	0.88	0.94	0.93	0.96	0.96	0.98

2）规模效率分析

从表 2 可以看出，库首、库腹、库尾 3 个 DMU（决策单元）在规模效率方面均未达到 DEA 有效。库腹、库尾地区相对较高，库首地区相对较低但逐年呈上升趋势。

具体到各个区县，①库尾各区县：江津区达到 DEA 有效，主城八区多年份效率值达到 1.00；②库腹地区：巫溪县、石柱县规模效率较靠后；③库首地区：巴东县规模效率值较大，9 个年份达到了 DEA 有效，即达到了经济学上所说的最佳生产规模，兴山县、夷陵区逐年递增，且均在 2012 年达到了 1.00，秭归县相对较靠后，各年规模效率值均小于等于 0.7。

表 2 三峡库区第一阶段规模效率

区域	县区	2003年	2004年	2005年	2006年	2007年	2008年	2009年	2010年	2011年	2012年
库尾	主城八区	0.90	0.91	0.99	1.00	1.00	0.99	1.00	1.00	0.99	1.00
	江津区	1.00	1.00	1.00	1.00	1.00	1.00	1.00	1.00	1.00	1.00
	长寿区	0.88	0.88	0.9	0.84	0.86	0.86	0.87	0.91	0.96	0.77
	平均值	0.93	0.93	0.96	0.95	0.95	0.95	0.96	0.97	0.98	0.92
库腹	涪陵区	0.88	0.89	0.91	0.88	0.88	0.89	0.9	0.93	0.96	0.81
	万州区	0.83	0.89	0.94	0.93	0.85	0.96	0.95	0.97	0.99	0.89
	丰都县	0.76	0.83	0.89	0.91	1.00	0.93	0.87	0.96	0.99	0.87
	武隆县	0.97	0.99	0.94	0.81	0.80	0.78	0.78	0.85	0.91	0.65
	忠县	0.89	0.89	0.92	0.86	0.86	0.87	0.87	0.89	0.92	0.67
	开县	0.89	0.95	0.97	0.98	0.97	1.00	0.96	1.00	0.97	0.96
	云阳县	0.90	0.92	0.94	0.95	0.96	0.94	0.89	0.94	0.98	0.83
	奉节县	0.78	0.81	0.88	0.89	0.89	0.86	0.88	0.93	0.99	0.78
	巫山县	0.94	0.94	1.00	1.00	1.00	1.00	1.00	1.00	1.00	0.99
	巫溪县	0.82	0.80	0.80	0.77	0.74	0.68	0.67	0.68	0.77	0.47
	石柱县	0.74	0.75	0.78	0.75	0.76	0.78	0.80	0.81	0.88	0.55
	平均值	0.85	0.88	0.91	0.88	0.88	0.88	0.87	0.91	0.94	0.77
库首	兴山县	0.57	0.62	0.67	0.63	0.57	0.68	0.69	0.80	0.99	1.00
	秭归县	0.47	0.38	0.50	0.47	0.35	0.59	0.59	0.62	0.66	0.70
	夷陵区	0.55	0.55	0.50	0.54	0.52	0.63	0.69	0.79	0.90	1.00
	巴东县	1.00	1.00	1.00	1.00	1.00	1.00	1.00	1.00	1.00	0.80
	平均值	0.64	0.64	0.67	0.66	0.61	0.73	0.74	0.80	0.88	0.88

3）综合技术效率分析

从表 3 可以看出，库首、库腹、库尾 3 个综合技术效率均未达到 DEA 有效，2003～2012 年，库腹、库尾地区呈波动状态，变化不大，库首地区技术效率大体呈递增状态。库尾地区综合技术效率值最大，在 2008 年前，库首低于库腹，之后超越。

表3　三峡库区第一阶段综合技术效率

区域	县区	2003 年	2004 年	2005 年	2006 年	2007 年	2008 年	2009 年	2010 年	2011 年	2012 年
库尾	主城八区	0.81	0.90	0.99	1.00	1.00	0.95	1.00	1.00	0.86	1.00
	江津区	1.00	1.00	1.00	1.00	1.00	1.00	1.00	1.00	1.00	1.00
	长寿区	0.73	0.77	0.81	0.77	0.77	0.62	0.67	0.78	0.84	0.77
	平均值	0.85	0.89	0.93	0.92	0.92	0.86	0.89	0.93	0.90	0.92
库腹	涪陵区	0.46	0.47	0.52	0.47	0.47	0.44	0.43	0.59	0.65	0.61
	万州区	0.42	0.46	0.57	0.61	0.61	0.64	0.71	0.71	0.79	0.72
	丰都县	0.60	0.66	0.77	0.83	0.83	0.93	0.85	0.85	0.92	0.84
	武隆县	0.97	0.99	0.94	0.74	0.74	0.69	0.70	0.74	0.72	0.65
	忠县	0.65	0.62	0.67	0.67	0.67	0.57	0.58	0.59	0.59	0.55
	开县	0.55	0.57	0.60	0.66	0.66	0.71	0.69	0.79	0.82	0.84
	云阳县	0.64	0.72	0.77	0.86	0.86	0.73	0.80	0.86	0.96	0.82
	奉节县	0.63	0.59	0.66	0.66	0.66	0.40	0.58	0.61	0.71	0.75
	巫山县	0.94	0.94	1.00	1.00	1.00	1.00	1.00	1.00	1.00	0.99
	巫溪县	0.78	0.72	0.65	0.65	0.65	0.43	0.45	0.46	0.49	0.45
	石柱县	0.43	0.44	0.50	0.60	0.60	0.56	0.50	0.50	0.50	0.51
	平均值	0.64	0.65	0.70	0.70	0.70	0.65	0.66	0.70	0.74	0.70
库首	兴山县	0.57	0.62	0.67	0.63	0.63	0.68	0.69	0.80	0.99	1.00
	秭归县	0.34	0.27	0.35	0.36	0.36	0.48	0.47	0.52	0.54	0.64
	夷陵区	0.45	0.44	0.43	0.50	0.50	0.58	0.65	0.78	0.90	1.00
	巴东县	1.00	1.00	1.00	1.00	1.00	1.00	1.00	1.00	1.00	0.80
	平均值	0.59	0.58	0.61	0.62	0.62	0.69	0.70	0.77	0.86	0.86

　　研究结果显示，2003～2012 年，三峡库区重庆段农业生产效率主要来源于纯技术效率，即主要是各区县生产要素利用和管理能力不同造成的，而规模效率的影响程度相对较轻，然而库区一些贫困区县如巫山县、巴东县，农业经营规模小且极度分散，但规模效率却达到 DEA 有效，与现实不符，有必要进行第二阶段调整。

2. 第二阶段——SFA 回归分析

在第一阶段 DEA 分析中得到了各 DMU 效率值的同时,也得到了各个 DMU 的投入冗余变量（表 4）,第二阶段以第一阶段 DEA 分析得到的投入冗余量为因变量、环境变量为自变量,建立 SFA 回归模型。冗余量也称各个 DMU 投入的浪费量,它是投入量的实际值与理想值的差额。

表 4　2003～2012 年三峡库区松弛变量矩阵

区域	县区	农林牧副渔从业人员		农作物播种面积		化肥使用量		农药使用量		农用机械总动力	
		冗余量	占比/%	冗余量	占比/%	冗余量	占比/%	冗余量	占比/%	冗余量	占比/%
库尾	主城八区	9.85	0.17	23.89	0.09	0.33	0.05	0.05	0.08	14.22	0.14
	江津区	0.00	0.00	0.00	0.00	0.00	0.00	0.00	0.00	0.00	0.00
	长寿区	6.37	0.32	12.73	0.14	0.37	0.17	0.01	0.14	4.00	0.14
库腹	涪陵区	12.47	0.48	82.46	0.51	1.85	0.47	0.11	0.46	20.04	0.42
	万州区	16.69	0.48	67.43	0.40	1.33	0.35	0.04	0.36	14.41	0.35
	丰都县	8.70	0.36	24.06	0.21	0.19	0.09	0.00	0.10	1.98	0.09
	武隆县	1.19	0.09	11.44	0.14	0.22	0.12	0.00	0.09	1.40	0.08
	忠县	7.13	0.35	34.95	0.32	1.18	0.40	0.02	0.29	7.68	0.28
	开县	15.90	0.45	53.37	0.32	1.63	0.35	0.02	0.30	11.79	0.28
	云阳县	14.35	0.45	42.58	0.30	0.33	0.14	0.01	0.14	7.15	0.22
	奉节县	12.82	0.52	62.70	0.48	0.67	0.30	0.02	0.31	9.82	0.37
	巫山县	0.94	0.05	1.43	0.02	0.01	0.00	0.00	0.00	0.10	0.00
	巫溪县	6.41	0.38	22.38	0.27	0.81	0.36	0.01	0.24	5.46	0.28
	石柱县	8.85	0.47	26.47	0.32	0.87	0.40	0.02	0.32	6.21	0.31
库首	兴山县	0.00	0.00	0.00	0.00	0.00	0.00	0.00	0.00	0.00	0.00
	秭归县	5.48	0.44	11.08	0.23	1.82	0.65	0.06	0.37	3.14	0.23
	夷陵区	1.02	0.09	9.72	0.14	2.17	0.46	0.08	0.20	6.02	0.26
	巴东县	0.00	0.00	0.00	0.00	0.00	0.00	0.00	0.00	0.00	0.00

注:"占比"表示 10 年松弛平均量占实际投入平均量比重

由表 4 得出，综合技术效率、纯技术效率、规模效率未全部达到 DEA 有效的各区县都出现了不同程度的投入浪费。在库尾地区，主城八区和长寿区浪费程度较轻；在库腹地区，除涪陵区、武隆县、巫山县外，其他各区县投入冗余比都较大，特别是农林牧副渔从业人员，11 个区县中 5 个区县都达到了 45% 以上，奉节县更是达到 52%，另外，农作物播种面积和化肥使用也浪费严重；在库尾地区，从总体来看，各区县投入冗余量占比低于库腹地区。

3. 第三阶段——调整后的 DEA 实证结果

利用 Deap2.1 软件将调整后的投入变量和原始产出量带入模型进行运算。

1）纯技术效率比较

经过第二阶段的调整，测得的纯技术效率值在 2003～2012 年偏高且接近或等于 1.00，三峡库区各区县纯技术效率值有了大幅的提升，特别是库腹、库尾地区，上升了 20 个百分点以上，各区县纯技术效率相差很小。这说明在分离出外部环境和随机误差影响后，各地区的农业经营管理相差不大。另外，可以看到，库尾地区和库首地区纯技术效率值要略大于库腹地区（表 5）。

表 5 三峡库区第三阶段纯技术效率

区域	县区	2003 年	2004 年	2005 年	2006 年	2007 年	2008 年	2009 年	2010 年	2011 年	2012 年
库尾	主城八区	1.00	1.00	1.00	1.00	1.00	1.00	1.00	1.00	0.95	1.00
	江津区	0.98	0.97	0.99	1.00	1.00	0.99	0.99	1.00	1.00	1.00
	长寿区	0.94	0.93	0.93	0.95	0.95	0.95	0.95	0.96	0.95	0.99
	平均值	0.97	0.97	0.97	0.98	0.98	0.98	0.98	0.99	0.97	1.00
库腹	涪陵区	1.00	1.00	1.00	1.00	1.00	0.96	1.00	1.00	1.00	1.00
	万州区	0.97	0.98	0.96	0.96	0.92	0.96	0.97	0.96	0.98	0.98
	丰都县	0.97	0.95	0.95	0.97	0.99	0.97	0.96	0.94	0.97	0.99
	武隆县	0.98	0.95	0.96	0.97	0.97	0.96	0.97	0.97	0.98	1.00
	忠 县	1.00	1.00	1.00	1.00	1.00	0.98	0.96	0.95	0.95	0.98
	开 县	1.00	0.92	0.92	0.93	0.96	0.96	0.96	0.95	0.96	0.97
	云阳县	0.93	0.92	0.92	0.95	0.95	0.94	0.97	0.96	0.97	0.96

续表

区域	县区	2003年	2004年	2005年	2006年	2007年	2008年	2009年	2010年	2011年	2012年
库腹	奉节县	0.98	0.98	0.99	1.00	1.00	0.95	1.00	1.00	1.00	1.00
	巫山县	0.95	0.94	0.94	0.95	0.93	0.94	0.95	0.96	0.99	0.99
	巫溪县	0.96	0.95	0.99	1.00	0.98	0.97	1.00	1.00	1.00	1.00
	石柱县	0.99	0.98	0.98	1.00	1.00	1.00	0.97	0.96	0.96	0.99
	平均值	0.98	0.96	0.98	0.98	0.97	0.96	0.97	0.97	0.98	0.99
库首	兴山县	1.00	1.00	1.00	1.00	1.00	1.00	1.00	1.00	1.00	1.00
	秭归县	1.00	1.00	1.00	1.00	0.98	1.00	1.00	1.00	1.00	1.00
	夷陵区	1.00	1.00	0.99	1.00	0.98	1.00	1.00	1.00	1.00	1.00
	巴东县	1.00	1.00	1.00	0.99	0.97	0.93	0.95	0.95	0.99	0.98
	平均值	1.00	1.00	1.00	1.00	0.98	0.98	0.99	0.99	1.00	1.00

2）规模效率比较

经过第二阶段的调整，规模效率值发生较大的变化。总体上来看，三峡库区各区县规模效率大幅下降，均在 0.80 之下。相对来说，库尾地区变化不大，库腹地区与库首地区出现大幅下降，库腹地区由绝大部分年份效率值在 0.80 以上到第三阶段效率值处在 0.30～0.50，库首地区由第一阶段的效率值在 0.60～0.90 范围下降到第三阶段效率值处于 0.20～0.40，规模效率值排在最尾端。这说明三峡库区农业生产规模偏小，特别是与发达地区相比，产业集聚度低（表 6）。

表 6　三峡库区第三阶段规模效率

区域	县区	2003年	2004年	2005年	2006年	2007年	2008年	2009年	2010年	2011年	2012年
库尾	主城八区	1.00	1.00	1.00	1.00	1.00	1.00	1.00	1.00	1.00	1.00
	江津区	0.66	0.68	0.71	0.77	0.85	0.70	0.68	0.66	0.69	0.72
	长寿区	0.43	0.44	0.46	0.47	0.53	0.46	0.46	0.47	0.53	0.59
	平均值	0.70	0.71	0.72	0.75	0.79	0.72	0.71	0.71	0.74	0.77
库腹	涪陵区	0.42	0.44	0.49	0.56	0.65	0.53	0.56	0.59	0.63	0.70
	万州区	0.44	0.48	0.53	0.62	0.45	0.59	0.60	0.62	0.70	0.78

续表

区域	县区	2003年	2004年	2005年	2006年	2007年	2008年	2009年	2010年	2011年	2012年
库腹	丰都县	0.30	0.30	0.32	0.38	0.50	0.36	0.33	0.34	0.36	0.39
	武隆县	0.21	0.23	0.24	0.25	0.33	0.25	0.26	0.27	0.29	0.32
	忠县	0.42	0.46	0.49	0.51	0.56	0.45	0.46	0.47	0.51	0.53
	开县	0.48	0.52	0.54	0.58	0.64	0.52	0.53	0.51	0.53	0.60
	云阳县	0.36	0.40	0.43	0.51	0.56	0.45	0.46	0.48	0.53	0.60
	奉节县	0.41	0.42	0.45	0.49	0.51	0.46	0.46	0.47	0.51	0.57
	巫山县	0.20	0.21	0.23	0.27	0.30	0.25	0.26	0.26	0.27	0.31
	巫溪县	0.22	0.22	0.22	0.24	0.26	0.18	0.18	0.19	0.21	0.23
	石柱县	0.25	0.26	0.27	0.32	0.32	0.28	0.31	0.32	0.35	0.38
	平均值	0.34	0.36	0.38	0.43	0.46	0.39	0.40	0.41	0.44	0.49
库首	兴山县	0.13	0.16	0.18	0.18	0.18	0.23	0.21	0.23	0.28	0.30
	秭归县	0.24	0.25	0.29	0.23	0.19	0.25	0.26	0.30	0.34	0.39
	夷陵区	0.58	0.58	0.46	0.50	0.37	0.44	0.46	0.59	0.68	0.71
	巴东县	0.18	0.19	0.20	0.20	0.23	0.23	0.23	0.25	0.23	0.24
	平均值	0.28	0.30	0.28	0.28	0.24	0.29	0.29	0.34	0.38	0.41

3）综合技术效率对比分析

由于综合技术效率值是纯技术效率值与规模效率值的乘积，第三阶段纯技术效率接近 1.00，故第三阶段综合效率值图表与规模效率值图表接近。综合以上分析可知，纯技术效率接近效率前沿，三峡库区综合效率值的偏低是由规模效率大幅下降引起的，这说明三峡库区技术无效的主要原因是库区农业生产规模过小，实际生产规模距最佳生产规模的距离还比较远。另外，三峡库区各区县农业生产效率在第一阶段 DEA 和第三阶段 DEA 中的效率值存在明显差异，这种差异的存在正是由于外部环境因素和随机误差的影响所致，这一步证明了使用第二阶段 SFA 模型进行调整的必要性（表7）。

表 7　三峡库区第三阶段综合技术效率

区域	县区	2003年	2004年	2005年	2006年	2007年	2008年	2009年	2010年	2011年	2012年
	主城八区	1.00	1.00	1.00	1.00	1.00	1.00	1.00	1.00	1.00	1.00
库尾	江津区	0.65	0.66	0.70	0.77	0.85	0.69	0.67	0.65	0.69	0.72
	长寿区	0.40	0.40	0.43	0.45	0.51	0.43	0.44	0.46	0.51	0.58
	平均值	0.68	0.69	0.71	0.74	0.79	0.71	0.70	0.70	0.73	0.77
	涪陵区	0.42	0.44	0.49	0.56	0.65	0.52	0.53	0.59	0.63	0.70
	万州区	0.43	0.47	0.51	0.59	0.41	0.57	0.58	0.60	0.68	0.76
	丰都县	0.29	0.28	0.31	0.37	0.49	0.34	0.32	0.32	0.35	0.38
	武隆县	0.20	0.22	0.23	0.24	0.27	0.24	0.25	0.26	0.28	0.32
	忠县	0.42	0.46	0.49	0.51	0.56	0.44	0.44	0.45	0.48	0.52
库腹	开县	0.48	0.47	0.50	0.53	0.60	0.49	0.50	0.48	0.52	0.58
	云阳县	0.33	0.37	0.40	0.49	0.53	0.42	0.45	0.46	0.52	0.57
	奉节县	0.40	0.41	0.45	0.49	0.51	0.44	0.46	0.47	0.51	0.57
	巫山县	0.19	0.20	0.21	0.26	0.28	0.23	0.25	0.25	0.27	0.31
	巫溪县	0.21	0.21	0.22	0.24	0.25	0.18	0.18	0.19	0.21	0.23
	石柱县	0.24	0.25	0.27	0.32	0.32	0.28	0.30	0.31	0.34	0.38
	平均值	0.33	0.34	0.37	0.42	0.45	0.38	0.39	0.40	0.44	0.48
	兴山县	0.13	0.16	0.18	0.18	0.18	0.23	0.21	0.23	0.28	0.30
	秭归县	0.24	0.25	0.29	0.23	0.19	0.25	0.26	0.30	0.34	0.39
库首	夷陵区	0.58	0.58	0.46	0.50	0.36	0.43	0.46	0.59	0.68	0.71
	巴东县	0.18	0.19	0.20	0.20	0.22	0.21	0.22	0.24	0.23	0.24
	平均值	0.28	0.30	0.28	0.28	0.24	0.28	0.29	0.34	0.38	0.41

（三）三峡库区各区县 Malmquist 生产率指数分析

为更全面地对三峡库区农业生产效率的变动情况进行分析，展示库区农业生产效率变化在不同地区间的差异，表 8 给出了各 DMU 农业 Malmquist 生产率指数。

表 8   三峡库区各区县 Malmquist 生产率指数及其分解（2003～2012 年分区县平均）

区域	县区	技术效率指数	技术进步指数	纯技术效率指数	规模效率指数	全要素生产率
库尾	主城八区	1.000	1.102	1.000	1.000	1.102
	江津区	1.011	1.054	1.007	1.003	1.065
	长寿区	1.043	1.054	1.043	1.000	1.099
	平均值	1.018	1.070	1.017	1.001	1.089
库腹	涪陵区	1.058	1.052	1.000	1.058	1.113
	万州区	1.065	1.054	1.013	1.052	1.123
	丰都县	1.031	1.054	0.993	1.039	1.087
	武隆县	1.052	1.054	1.063	0.990	1.108
	忠　县	1.025	1.054	0.981	1.045	1.080
	开　县	1.020	1.053	0.978	1.043	1.074
	云阳县	1.063	1.054	1.059	1.004	1.120
	奉节县	1.040	1.054	1.021	1.019	1.097
	巫山县	1.053	1.054	1.040	1.012	1.109
	巫溪县	1.010	1.052	1.000	1.000	1.062
	石柱县	1.051	1.054	1.033	1.018	1.107
	平均值	1.043	1.054	1.016	1.026	1.098
库首	兴山县	1.098	1.053	1.000	1.098	1.157
	秭归县	1.057	1.058	1.000	1.057	1.118
	夷陵区	1.023	1.063	1.000	1.023	1.087
	巴东县	1.035	1.057	0.915	1.131	1.093
	平均值	1.053	1.058	0.979	1.077	1.114

从全要素生产率来看，均大于 1.000，三峡库区各区县的农业生产效率都是不断提升的。

从构成要素来看：各 DMU 的技术进步变化指数都是大于 1.000 的，说明各区县的生产技术水平是不断提升的。库尾地区，主城八区技术进步快于涪陵区、长寿区；库腹地区，技术进步各区县相差不大，开县、巫溪县稍微落后；库首地区，兴山县稍显落后，其中三个区县技术进步速度快于库腹地区。

从技术效率变化指数分析，主城八区为 1.000，说明这几个 DMU 生产效率没有变化，而其他区县的 DMU 技术效率变化指数均大于 1.000，说明这些区县技术效率有了进一步提高。另外，三峡库区重庆段，万州区技术效率变化指数最大；其次是云阳县、涪陵区、巫山县、云阳县、石柱县，湖北段兴山县技术效率变化值最大，再次是秭归县、涪陵区、巫溪县、兴山县、秭归县、夷陵县 5 个区县的纯技术效率变化指数为 1.000，说明这几个区县近年经营管理水平没有得到改善；丰都县的纯技术效率变化指数小于 1.000，说明丰都县农业经营管理水平不但没有提升，反而下降了。另外，主城八区、长寿区规模效率变化指数为 1.000，说明 DMU 规模效率无变化，武隆县小于 1.000，说明其规模效率下降了。

三、农业生产效率影响因素分析

（一）指标选取

被解释变量：TFP 指数、技术效率指数、技术进步指数。

解释变量：城镇化率这一变量来表示农村城镇化，非农产业总产值占各区县 GDP 比重即第二、第三产业产值比重来衡量三峡库区各区县工业化，单位播种面积机械总动力衡量机械化水平、单位播种面积化肥投入衡量化肥投入水平，财政支出占 GDP 比重衡量财政支持力度，农业从业人员人均农作物播种面积表示农户经营规模，粮食作物面积占总播种面积反映农业内部结构调整情况。

（二）模型设定

根据三峡库区农业生产的实际情况，建立如下三个面板数据模型以考察农业全要素生产率指数（TFP）、农业技术效率指数（TE）、农业技术进步指数（TECH）的影响因素：

$$TFP_{i,t} = C_1 + \partial_J x_{i,t}^j + \phi_i D_i + \varpi_t D_t + \varepsilon_{i,t}$$
$$TE_{i,t} = C_1 + \partial_J x_{i,t}^j + \phi_i D_i + \varpi_t D_t + \varepsilon_{i,t}$$
$$TECH_{i,t} = C_1 + \partial_J x_{i,t}^j + \phi_i D_i + \varpi_t D_t + \varepsilon_{i,t}$$

式中，J=1，2，…，J 分别表示解释变量的序号；i=1，2，…，表示研究单元；t 表示年份；$\phi_i D_i$ 表示不可观测的区县特定效应，$\varpi_t D_t$ 表示不可观测的时间特定效应，表示经典的随机扰动项。

（三）实证分析

根据 Hausman 检验判定回归方程应采用固定效应模型，应用 EViews6.1 软件，得到如下回归结果，如表 9 所示。

表 9　影响因素回归结果

变量	TEP	TE	TECH
常数项	1.2096***	0.9177***	1.2560*
	（1.6639）	（1.5705）	（2.6178）
城镇化率	−0.9262***	0.2208**	−0.3069***
	（−1.5841）	（1.9699）	（1.7951）
工业化水平	−0.6484**	−0.2649***	−0.2293
	（1.8216）	（−1.5191）	（1.1475）
机械化利用程度	0.0216*	−0.0411**	−0.3847*
	（3.7476）	（−1.7703）	（−2.0205）
化肥投入水平	0.2173**	−0.1826*	0.3967**
	（−1.9933）	（−4.0385）	（1.6747）
财政支持力度	0.5374	0.1767***	0.0593*
	（1.3032）	（1.5329）	（2.4179）
农户经营规模	0.5668*	0.3328*	0.1315**
	（3.1679）	（2.3138）	（1.8135）
农业结构调整系数	0.6440***	0.2618**	0.2062***
	（1.6261）	（2.5188）	（1.5978）

注：括号内为 t 值
*、**、***分别代表能通过 1%、5%、10%的显著性检验

经过实证分析，研究发现：

城镇化率与 TFP、TECH 之间的系数为负，与 TE 之间的系数为正，表明农村富余劳动力转移并没有促进农业技术进步和农业全要素生产效率的提升。工业化水平与 TFP、TE、TECH 之间的系数均为负，表明工业化水平的提升是制约库

区 TFP、TE、TECH 的因素。机械化利用程度与 TFP 的系数为正，与 TE、TECH 之间的系数均为负，表明其高低可以直接影响农业劳动生产率、土地产出率和要素利用率，因而对 TFP 产生正的影响，但农村机械化利用程度与其他两个指数呈负相关。化肥投入水平与 TFP、TECH 之间的系数为正，与 TE 之间的系数为负，库区大量使用化肥、农药等，大大地提升了农业劳动生产率、土地产出率和要素利用率，从而对 TFP、TECH 产生了正的影响，但化肥的不合理使用，对 TE 的影响为负，因此在施肥时要适当。财政支持力度、农户经营规模、农业结构调整系数与 TFP、TECH 之间的系数都为正，说明通过不断加大对农业生产的支持力度，改善农户经营规模，优化农业结构都能提升库区农业生产效率，对农业技术的进步产生了正的影响。

四、结　　论

使用三阶段 DEA 模型及 Malmquist 生产率指数研究三峡库区农业生产效率，得出规模效率不高是影响当地农业生产效率提高的主要原因，且库区区县全部都处于规模效率递增状态；2003～2012 年推动三峡库区农业生产效率不断提高的主要因素是技术进步，而技术效率改善的作用则相对较低，具体的分析结果和结论如下。

（1）第一阶段 DEA 研究结果显示，2003～2012 年，库腹、库尾地区规模效率大于纯技术效率，说明三峡库区重庆段农业生产效率主要来源于纯技术无效率，规模效率的程度相对较轻，然而库区一些贫困区县农业经营规模小且极度分散，但规模效率值却非常大，这与现实不符；库首地区纯技术效率大于规模效率，说明三峡库区湖北段农业生产效率主要来源于规模效率值，但巴东县规模效率值为 1 且远大于秭归县、兴山县、夷陵县，也与现实不符合。

（2）使用农村居民人均纯收入、城镇化率、地方财政支出、二三产业产值占 GDP 比重 4 个环境变量对投入冗余量进行 SFA 回归发现，所选 4 个环境变量对投入冗余量的影响都十分显著，其中城镇化率和地方财政支出的提高能减少各投入冗余量，农村居民人均纯收入的提升在减少劳动力和土地投入冗余量的同时会增加农药、化肥、农用机械动力冗余量，而二三产业产值占 GDP 比重的提升在减少劳动力投入冗余量的同时会增加土地、农药、化肥、农用机械动力投入冗余量。这说明环境变量确实能对测算结果产生显著影响，故为使三峡库区农业生产效率测度更加准确，必须将环境变量的影响分离出去。

（3）使用第二阶段修正过后的数据，运用 Malmquist 生产率指数纵向分析三峡库区农业生产效率的变化情况，发现三峡库区农业生产效率在作为样本调查期间是逐渐提升的，其中技术进步对三峡库区各区县农业生产效率的影响更大。从各区县 Malmquist 生产率指数总体来看，三峡库区库首地区技术进步速度快于库腹、库尾地区（除主城八区）。另外，库区规模效率变化指数对技术效率变化指数贡献较大，纯技术效率指数变化对其贡献相对较小，丰都县、忠县、开县、巴东县纯技术效率指数小于 1，说明这 4 个区县农业经营管理水平出现下降趋势，巫溪县、兴山县、秭归县、夷陵县纯技术效率指数为 1，说明这 4 个区县农业生产经营管理水平没有改善，其他区县纯技术效率指数也不高，进一步说明库区农业生产经营管理水平有待进一步提升。

（4）以全要素生产率指数、技术效率指数、技术进步指数为被解释变量，城镇化率、工业化水平、机械化利用程度、化肥投入水平、财政支持力度、农户经营规模、农业结构调整系数为解释变量，构建面板数据模型研究发现：工业化水平对各解释变量的影响为负，由于劳动的边际生产力和农业比较效益低，致使库区在追求经济发展时对农业的偏向还不够，农业发展资源被挤占，要健全工业反哺农业和城市支持乡村机制；城镇化率、机械化利用程度、化肥投入水平对各解释变量的影响有正有负，说明城镇化率提升，机械、化肥等的使用解放库区农村富裕劳动力的同时，库区技能娴熟、经验丰富的农业人才也随之流失，从而制约了当地农业生产效率的提升；通过模型发现，农户经营规模、财政支持力度、农业结构调整系数对各解释变量的影响为正，说明加大库区财政支持力度、完善农村公共、推进农户规模经营、加快农业内部结构优化能对库区农业生产效率的提升产生推动作用。

······························· 参考文献 ·······························

[1] 周宏，褚保金. 构建中国农业生产效率的动态监测体系[J]. 农业经济问题，2003，（12）：34-38.

[2] 蒋乃华. 我国农业劳动生产率决定的实证分析及政策含义[J]. 中国农村观察，2004，（2）：34-36.

[3] 吴玉鸣. 中国区域农业生产要素的投入产出弹性测算——基于空间计量经济模型的实证[J]. 中国农村经济，2010，（6）：25-34.

[4] 李周，于法稳. 西部地区农业生产效率的分析[J]. 中国农村观察，2005，（6）：2-9.

[5] 马凤才，赵连阁，任莹. 黑龙江省农业生产效率分析[J]. 农业技术经济，2008，（2）：91-92.

[6] 李静，孟令杰. 中国农业生产率的变动与分解分析：1978～2004 年[J]. 数量经济技术经济研究，2006，（5）：11-14.

[7] 李谷成，冯中朝，范丽霞. 农户家庭经营技术效率与全要素生产率增长分解（1999～2003年）[J]. 数量经济技术经济研究，2007，（8）：26-29.

[8] 曾先峰，李国平. 我国各地区的农业生产率与收敛：1980～2005[J]. 数量经济技术经济研究，2008，（5）：82-89.

[9] 全炯振. 中国农业全要素生产率增长的实证分析：1978～2007 年——基于随机前沿分析（SFA）方法[J]. 中国农村经济，2009，（9）：37-43.

[10] 封志明等. 农业资源高效利用优化模式与技术体系集成[M]. 科学出版社，2002，18-25.

[11] 汪旭晖，刘勇. 基于 DEA 模型的我国农业生产效率综合评价[J]. 河北经贸大学学报，2008，（1）：53-55.

Research on the Agricultural Production Efficiency of the Three Gorges Reservoir Area Based on the Three Stage DEA Model

Deng Shujuan

（National Research Center for Upper Yangtze Economy, Chongqing Technology and Business University, Chongqing 400067）

Abstract: This paper collects 26 counties in the Three Gorges Reservoir Area on agricultural production index data in 2003-2012, using application of three stage

DEA and Malmquist productivity index method, to measure the county agricultural production efficiency of system, and then using panel data model to analyze agricultural production efficiency influencing factors of the Three Gorges Reservoir Area. According to the results of empirical analysis, from increasing the financial support for agriculture, developing the scale management of agriculture, improving the resource utilization efficiency, increasing the research and extension of agricultural science and technology, strengthening the construction of agricultural ecological reservoir and so on to get the area efficiency of agricultural production development.

Keywords: Three Gorges Reservoir Area; agricultural production efficiency; three stage DEA; Malmquist productivity index; influencing factors

基于索洛余值法的万州区绿色
全要素生产率分析*

邸苗苗

（重庆工商大学长江上游经济研究中心，重庆 400067）

摘　要： 全要素生产率（TFP）是经济增长的重要源泉，它是衡量一个地区经济可持续发展能力的重要因素。本文在索洛余值测算中引入环境变量，对重庆市万州区的绿色全要素生产率进行了经验分析，结果表明由于环境变量持续负增长，所以其对生产总值的贡献额度为正。过多的劳动力造成就业无效率，使其对生产总值的贡献额度为负。绿色全要素生产率对万州区经济增长具有较明显的促进作用，但当前万州区绿色全要素生产率水平仍处在较低水平，且具有很大的波动性，有巨大的上升空间。

关键词： 绿色全要素生产率；可持续发展；环境保护；索洛余值法

一、引　言

随着环境资源问题的日益突出，各学者在考虑经济增长和经济发展的过程

*作者简介：邸苗苗（1992—），女，河北石家庄人，硕士研究生，主要研究方向为国民经济运行与宏观调控。

中，尝试着将环境要素添入考虑的模型中，得出绿色生产指标。这类研究取得了显著的效果，并将对研究未来的经济发展形势有着重要的意义。

环境要素作为一种新要素变量加入原本的总生产函数的计算公式中，得出去掉负面影响的新指标，即绿色全要素生产率。在当前学者们的研究中，有关绿色全要素生产率的计算方法有很多种，他们对于绿色全要素生产率的研究方向和内容主要是：一类是将环境变量与劳动、资本等要素一起作为投入要素引入生产函数进行全要素生产率分析。例如，杨文举[1]将 SO_2、CO 等代表环境污染物的变量作为投入要素加到生产函数中进行绿色全要素生产率和绿色经济增长的分析；陈诗一[2]把能源和 CO_2 排放作为投入要素与传统要素资本、劳动力一起引入超越对数生产函数进行绿色增长核算等。另一类是将环境污染物作为非期望产出加到生产函数中。例如，涂正革[3]采用将环境污染物视为不受欢迎的副产出，利用方向性距离函数衡量环境、资源、与工作增长的协调关系；白稳[4]采用DEA-Malmquist 生产率指数分析法探究东部区域 11 省的绿色全要素生产率的具体变化情况；吴齐等[5]同样运用基于非期望产出的 DEA-Malmquist 生产率指数方法估算江苏省各市的绿色全要素生产率等。

以上学者们的研究主要是针对国内外及省级之间的有关绿色全要素生产率进行探讨分析的，不仅对未来经济的发展提出了合理的建议，也给后来的研究提供了便利条件。但是，在绿色经济研究体系逐渐完善的情况下却鲜有学者对于地区绿色经济发展做出研究探讨。地区经济的发展也是国家经济发展的重要组成部分，而本文所研究的万州区正是属于三峡库区的中心，是重要的经济发展区。因此，本文的研究不只是对万州区经济发展做出分析，还具有扩大绿色经济研究体系，以及促进三峡库区经济发展的现实意义。本文在对万州区经济可持续发展的研究中，参照第一类做法，在经济增长理论的生产模型中将环境变量（主要是污染物排放）作为投入要素进行分析，来探讨考虑环境变量的绿色全要素生产率对万州区经济发展的影响。在文中的第二部分主要介绍相关模型。在第三部分将引入本文研究所需相关变量数据做出实证分析，分析各要素对经济发展的影响，分析绿色全要素生产率与地区经济增长的关系。本文最后得出结论，并对万州区的经济发展提出问题和建议。

二、绿色全要素生产率的测度模型

本文采用的模型是参照新古典增长理论中索洛余值法的计算推导公式演变推导的生产率的计算公式，在此公式中新加入环境变量将计算推导出来的全要素生产率变为文章需要分析的绿色全要素生产率。通过借鉴其他学者的研究方法，本文选取 SO_2 为环境污染变量，与资本（K）、劳动（L）等要素一起作为投入要素，以万州区地区生产总值（Y）为产出变量根据 C-D 生产函数公式重新构造生产函数：$Y_t = (K_t, L_t, SO_{2_t}, T)$。参考相关研究的做法，将产出视为投入要素劳动和资本、环境要素 SO_2 的排放量，以及以时间为代表的全要素 T 共同贡献的结果。所以，我们通过对上式取对数的形式将经济增长率分成三部分：

$$\ln Y_t = \alpha \ln K_t + \beta \ln L_t + \gamma \ln SO_{2_t} + \ln T \tag{1}$$

对（1）式的变量的自然对数对时间 T 求导可得

$$\mathrm{d}\ln Y / \mathrm{d}t = \alpha \times \mathrm{d}\ln K / \mathrm{d}t + \beta \times \mathrm{d}\ln L / \mathrm{d}t + \gamma \times \mathrm{d}\ln SO_2 / \mathrm{d}t + \varepsilon$$

即

$$g_y = \alpha \times g_k + \beta \times g_l + \gamma \times g_{so_2} + g_{TFP} \tag{2}$$

式中，g_y 代表经济增长率，g_{TFP} 代表全要素生产率的变动（技术进步率），g_l 代表劳动增加率，g_k 代表资本增长率，且根据规模报酬不变原理，式中各变量参数 $\alpha + \beta + \gamma = 1$，$\alpha$、$\beta$、$\gamma$ 分别为投入要素资本、劳动力及环境污染变量的贡献额度。由此，我们对绿色索洛余量（全要素生产率）的测度公式为

$$g_{TFP} = g_y - \alpha g_k - \beta g_l - \gamma g_{so_2}$$

若要求出全要素生产率的贡献率，除了找出相应的投入产出变量之外，还

应求出各个投入变量的贡献额度 α、β、γ。已有的文献研究中，对于 α、β、γ 的求法有很多，第一种可以将各变量进行回归分析得出 α、β、γ 数值，杨文举[1] 在基于索洛扩展模型的中国地区工业绿色经济增长核算中对于各省份的绿色增长核算中对贡献额度的求解就是采用这种方法。第二种是根据以往经验进行推测来估计参数，本文中没有大量的数据，这种情况下回归结果不会令人满意，所以不可采用。第三种是 Rusiawana 等[6]运用各贡献要素的产出与总产出的比来求相关参数，但是各投入要素的产出无法准确获得，且该种方法不具有代表性。综合上述三种方法，本文选取第一种方法对变量参数进行估计并用于下文中的研究。为了使计算过程简单，且在回归结果中较少出现误差，本文同样采取了杨文举[1]的做法先将各个变量变为人均变量，再省去时间变量得到公式

$$\mathrm{d}\ln Y / \mathrm{d}t = \alpha \times \mathrm{d}\ln(K/L) / \mathrm{d}t + \gamma \times \mathrm{d}\ln(\mathrm{SO}_2 / L) / \mathrm{d}t + \varepsilon \qquad (3)$$

变形之后的公式中只需要通过线性回归求出和两个参数即可，根据规模报酬不变定理，剩余的投入变量 L 的参数则通过计算得出

$$\beta = 1 - \alpha - \gamma$$

三、万州区绿色全要素生产率实证分析

（一）变量和样本的选取

研究绿色全要素生产率对万州区经济可持续发展的作用首先需要确定投入和产出变量。确定的变量既要保证能够准确反映绿色全要素生产率与经济可持续发展之间的关系，又要保证变量选取的准确性与简单性的特点，即保证尽可能选用具有代表性的指标作为变量。所以，在数据选取中会采用可得性较大的指标表示：万州地区年 GDP 作为万州区 GDP，以城镇非私营企业单位人数作

为劳动力 L，以及固定资产投资数量 K 作为资产投资，重庆市 SO_2 排放量进行量化处理作为万州区环境污染变量 SO_2 的排放量。本文的数据是主要是来自《重庆统计年鉴》，选取万州区 2005～2014 年的相关数据，采用时间序列形式将数据表达出来。其中，由于有些数据缺失，本文所用的劳动力 2014 年的数据是根据劳动力的趋势曲线的回归推算得出的，且为了保证数据的合理有效性，本文以地区生产总值指数和固定投资价格指数对地区生产总值和固定资产投资进行相应平减，基期为 2005 年，所得数据如表 1 所示。

表 1   万州区生产率相关变量描述统计

指标 年份	GDP/万元	K/万元	L/万人	SO₂/万吨
2005	1 334 488.00	949 105.00	9.87	83.71
2006	1 354 936.01	1 003 640.12	10.01	85.95
2007	1 462 253.50	1 194 767.62	11.09	82.62
2008	1 716 692.52	1 675 306.10	11.64	78.24
2009	2 255 000.06	2 355 637.49	12.22	74.61
2010	2 492 173.44	2 896 748.69	12.63	71.94
2011	2 666 325.65	2 727 418.65	13.99	58.69
2012	2 498 950.39	3 224 545.88	18.73	56.48
2013	2 356 728.93	3 968 361.28	20.04	54.77
2014	2 333 624.35	4 770 469.31	23.09	52.69

（二）变量的描述性统计

图 1 描述了 2005～2014 年重庆市万州区的几项变量发展趋势。图 1 中 2 个变量 K、L 的投入量均随着时间的增加而增加：资本投入自 2005 以来一直呈现高速增长趋势，劳动力也在 2010 年之后开始加大投入，而 GDP 保持增长之后在 2011 年之后突然呈现下滑趋势。从图 1 可以看出，万州区经济发展

处于持续增长之后缓慢下降的状态，但根据趋势曲线预测能够推断出万州区未来经济发展将继续保持增长趋势。所以，我们对万州区的全要素生产率做出相关分析具有重要的意义。

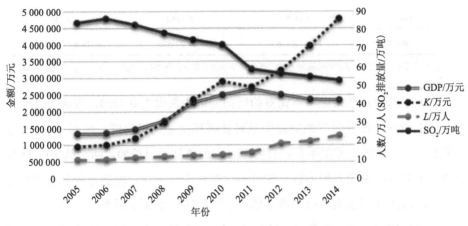

图1　万州区生产率相关变量描述统计

此外，在2005年之后 SO₂ 的排放量值一直处于下降趋势，这表明了重庆市在发展经济的同时，也非常重视减少 SO₂ 等污染物量的排放，体现了重庆市规划区域经济可持续发展的重要内容。SO₂ 在经济发展过程中作为重要的因素对于经济增长产生重要的影响，为了使经济实现更好更快地增长，将污染物等负面因素加入讨论实现绿色要素讨论经济增长同样具有重要意义。所以，本文将会把 SO₂ 等污染物的排放量与万州区相关变量结合起来分析全要素生产率对于经济可持续发展的重要作用。

（三）模型的参数估计

本文采用万州区2005～2014年序列样本为分析对象,将各个变量数据转化为模型中所需形式 ln（K/L）、ln（SO_2/L），并求出相应数值，再对其进行线性回归分析，对式中的 α、β、γ 进行参数估计，回归结果如表2所示。

表 2 参数估计结果

变量	估计值	t统计量	p值
C	1.9603	0.8687	0.3859
$\ln(K/L)$	0.7560	4.8617	0.0026
$\ln(SO_2/L)$	0.5425	5.3148	0.0018
$\overline{R^2}=0.8293$	$F=22.8616$	$p=0.0009$	D.W.=1.3099

注：表中数据为笔者运用 EViews6 对上述式子中的参数进行估计，各参数均通过 t 检验，整体通过 F 检验

由上述的回归结果中，可调整的回归的可决系数为 0.8293，说明方程整体拟合优度较好，比较合理地解释变量对被解释变量的影响度。F 数值较大，p 值很小，说明随机误差项不存在异方差，方程整体通过检验。回归结果中 D.W. 的值为 1.3099，说明方程中各个变量不存在序列相关性，因而方程具有很好的解释力，因此回归结果所得的参数估计量可以用作下文的研究。

从上述的回归分析中的 $\ln(K/L)$、$\ln(SO_2/L)$ 的参数估计值可以得出在地区经济增长中资本、劳动力、SO_2 的要素贡献额度分别为 0.7560、-0.2985、0.5425。在式中 3 个统计变量的贡献额度中，劳动力的贡献率为负值，而资本和 SO_2 的贡献率为正值，这与之前大部分研究者的结论相悖。例如，杨文举[1]对中国地区工业在 2003~2012 年的绿色经济核算中的回归结果表明原材料、资本、劳动力对工业总产值的产出弹性为 0.7265、0.2356 和 0.1803，均为正值。而作为环境污染变量引入的 SO_2 和 GDP 两种投入要素的产出弹性为-0.0801和-0.0623，均为负值。然而，得出与此结论相关的研究有陈娟[7]在利用全要素生产率对中国经济增长进行研究时结合产出、资本、劳动的单位根检验结果和协整方程检验分析，资本和劳动力对总产值的产出弹性为 0.803 和-0.14，说明劳动密集型方式已经不再能促进经济的增长，而资本却始终是经济增长的源泉。Ahmed[8]对马来西亚 1970~2001 年的制造业分析中 BOD（生化需氧量）对工业产值的产出弹性为 0.2，这些结论与本文得出的结果均类似。文中的回归结果统计中劳动力的产出弹性为负数，很大原因与万州区近年来不断扩大就业规模与增加就业岗位有关，多余就业的无效率引起劳动力对经济增长产生负面效应。而环境变量的产出弹性为正值与其他研究相悖，很可能是由于

万州区在近年来重视环境治理，减少污染的管制行为，使环境污染持续负比例增长反而对经济良好的发展产生了正面效用，所以环境变量对地区总产值贡献率为正。

（四）绿色全要素生产率分析

绿色全要素生产率，就是在环境和资源约束下的全要素生产率。绿色全要素生产率的研究不仅对国家的可持续发展有着重要意义，而且对地区的经济可持续增长同样适用。结合公式（2）和参数估计结果，将各要素的贡献额度带入式中可得加入环境变量的绿色全要素生产率增长率，计算结果如表 3 所示。

表 3　绿色全要素生产率增长率计算结果　　　　（单位：%）

年份	GDP 增长率	K 增长率	L 增长率	SO_2 排放量增长率	TFP 增长率
2006	1.53	5.75	1.42	2.68	−3.84
2007	7.92	19.04	10.79	−3.87	−1.15
2008	17.40	40.22	4.96	−5.30	−8.65
2009	31.36	40.61	4.98	−4.64	4.66
2010	10.52	22.97	3.36	−3.58	−3.91
2011	6.99	−5.85	10.77	−18.42	24.61
2012	−6.28	18.23	33.88	−3.77	−7.9
2013	−5.69	23.07	6.99	−3.03	−19.4
2014	−0.98	20.21	15.22	−3.80	−9.66
平均值	6.97	20.47	10.26	−4.86	−2.80

从表 3 的计算结果中，根据 2006～2014 年的 GDP、K、L、SO_2 排放量、TFP 的增长率，可以得出如下结论。

（1）从表 3 中各要素的数据来看，资本、劳动力、环境变量都是地区生产总值的重要组成部分，其中最主要的是资本要素，每年都以大幅度增加，增长率均值高达 20.47%，这极大地促进了地区经济的增长。GDP、K、L 的平均增长率均为正值，TFP 和 SO_2 排放量的增长率为负值，这说明了资本、劳动投入的增加，以及 SO_2 排放量的控制都对经济的增长和绿色全要素的增加起到相应的促进作用。

（2）以 2006 年为基期计算的各年的 GDP 中可以看出，GDP 在 2012～2014 年的增长率为负值，说明万州区的经济不是一直呈现增长的趋势，在近几年增长速度开始出现负增长，这与前文折线图分析的结果一致。根据-6.28、-5.69、-0.98 三个生产总值增长率数值可以看出万州经济开始趋于恢复正增长趋势，预计在 2016 年恢复健康的经济发展状态。

（3）SO_2 一直处于负的增长状态，平均值达到-4.86，说明万州区对环境治理关注度高且措施实施效果很好，可以预测到未来环境问题可能不会对地区经济发展产生严重的负面影响，而继续加强有效的环境治理措施会对地区经济的发展产生积极的作用。

（4）TFP 平均值为-2.8，且 TFP 增长率一直呈现较大的波动趋势。短短的 9 年之中就有 7 年的增长率为负值，另外有 2 年出现较大的增长率绝对数值，这都体现了万州区经济发展中绿色全要素生产率的负面影响，且相对资本、劳动，其增长率仍处于较低的水平，对 GDP 的真实贡献度很小，不利于地区经济的可持续发展。

（五）与不考虑 SO_2 的全要素生产率比较分析

SO_2 作为主要污染气体，其排放量的多少代表着在经济增长中对于环境破坏性的大小。全要素生产率对于经济的发展有着积极的作用，而忽略了环境因素的全要素生产率很可能会影响地区经济的正确核算。本文通过在生产函数中引入环境因素变量，抛开经济增长过程中对环境的负面影响，得出无环境污染体系下的绿色全要素生产率。但是，绿色全要素生产率与传统全要素生产率是否存在差异，抑或对经济增长是否具有不同的促进作用，不同的研究得出的结论不同，需要在下文进一步探讨。早在 21 世纪初，就有很多学者开始关注绿色全要素生产率，而且通过对绿色全要素生产率的分析提出了很多有利于国家经济发展的政策建议。本文正是在对学者们研究的基础上利用绿色全要素生产率的作用来对万州区的区域经济可持续发展做出相关研究的。

根据 Rusiawana 等[6]在论绿色全要素生产率对印度尼西亚可持续发展的影响中对环境变量的表达方式，本文将不考虑 SO_2 气体排放的全要素生产率，表示为 $TFP-SO_2$，即我国的研究中通常称的传统的全要素生产率；将考虑了 SO_2 气体的变量即绿色全要素生产率用 $TFP+SO_2$ 来表示。根据上述两种情况的分析结果，我们将在不考虑 SO_2 排放量情况下的全要素生产率（$TFP-SO_2$）与在考虑 SO_2 排放量的情况下的绿色全要素生产率（$TFP+SO_2$）一起进行比较分析，研究二者的异同。本文借鉴了杨文举[1]对中国省份工业经济增长核算采取的对比方法，先对不考虑 SO_2 情况下 TFP 变量进行分析，在此基础上再加入考虑 SO_2 情况下的分析，结果如图 2 所示。

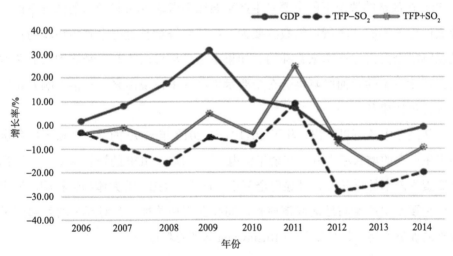

图 2　引入环境变量后两个全要素生产率的结果比较（2006～2014 年）
注：以上数据均由笔者在对 2005～2014 年的原始数据处理之后结合文中的公式计算得出。
其中，$TFP-SO_2$ 为传统全要素生产率，$TFP+SO2$ 为绿色全要素生产率

图 2 显示，引入 SO_2 污染气体的绿色全要素生产率（$TFP+SO_2$）与不引入 SO_2 污染气体的传统全要素生产率（$TFP-SO_2$）的结果是有显著差异的。

两者的差异体现在数值大小，绿色全要素生产率要大于传统的全要素生产率，但二者总体的变化趋势具有高度的相似性。在不考虑环境变量的情况下，参数回归的系数结果显示，资本的贡献额度为 0.7738，而劳动力的贡献额度为 0.2262，与之前考虑环境变量时资本贡献额度 0.7560 和劳动力贡献额度 –0.2985 存在很大的差异。这充分说明了不考虑环境变量的情况下相对于考虑环境变量的情况，确实高估（或低估）了资本和劳动力的贡献额度。得出同样结论的还有杨文举[1]、杨文举和龙睿赟[9]、Rusiawana 等[6]。

SO_2 作为污染物在经济发展中是具有负效用的，经济贡献价值是负的。一个地区要使地区经济良好发展，在考虑环境的前提下，污染物排放量越少越好。当前，万州区 SO_2 污染物气体排放量数据逐渐下降，说明由环境污染造成的负影响在减小。从图 2 中可以清晰地看出，万州区 2006～2014 年 SO_2 的排放量始终为负值的增长率带来了绿色全要素生产率的相对提高，所以在考虑 SO_2 排放量的情况下的全要素生产率要比不考虑 SO_2 排放量的情况下的全要素的生产率的计算所得的数据要大，显然经济增长过程中破坏环境的代价是以牺牲全要素生产率来弥补的。如果不考虑环境污染对于经济增长的负效用，环境污染的负面影响将会在全要素生产率中体现出来，直接影响万州区的经济可持续发展。

从图 2 中还可以看出，除了 2011 年与 2012 年 GDP 的增长率低于绿色全要素生产率的增长率之外，其余年份内，万州地区 GDP 的增长率均高于绿色全要素生产率的增长率，且绿色全要素生产率与 GDP 的大体趋势相同，说明绿色全要素生产率与地区经济增长之间存在正相关性，其对经济增长起到了积极的促进作用，这些结论与 Rusiawana 等[6]的观点一致。

四、结　　语

在完全竞争和规模报酬不变的假设条件下，本文将环境变量（SO_2）和资本、劳动力一起作为投入要素加入到生产函数中,既扩大了传统意义上的索洛模型,将环境变量作为地区生产总值的一部分贡献要素,又对万州区的经济发展各要素的贡献作用做出了实证分析。从研究结果中可以发现:万州区在2005～2014年,无论考虑环境变量与否,资本的贡献额度均为最大,在经济增长中占据主要地位。这说明万州区当前的经济发展主要还是依靠大量的资本投入,其余变量的贡献很小,劳动力过剩甚至对经济增长起到了阻碍作用。劳动力、环境要素在经济增长中的贡献作用并未与其他研究表现出一致的结论,这很可能是由区域差异及政府相关政策导致的。在上文分析中,万州区经济可持续发展仍存在很多亟待解决的问题。

第一,劳动力对地区生产总值的贡献额度为负值。这说明万州区就业人员已经趋于饱和状态,劳动力的增加已经不能促进经济的增长。如果想要取得地区经济的持续增长,必须将依靠增加投入要素促进经济增长的观念转移到依靠提高绿色全要素生产率来促进经济增长的观念上来。第二,万州区2005～2014年绿色全要素生产率的增长率均值处于较低水平,说明该地区绿色全要素生产率还有很大的提升空间。政府部门仍需采取积极的措施鼓励研发,促进技术水平提升、技术效率进步,从而提高绿色全要素生产率。第三,要发展绿色全要素生产率,实现可持续发展,仍要考虑环境问题。尽管在上文分析中可以看出万州区的环境污染治理已经取得了较好的效果,但在当前地区经济发展过程中,仍然存在一些经济主体在进行某项决策时,出于考虑自身的利益需求,将环境因素排除在考虑范围之外的现象。从万州地区的制度体系来看,有关环境保护制度还不够完善,环境相关制度与经济发展相关制度严重脱节,不利于经济的可持续发展,所以,政府相关制度之间的联系问题也应该被重视起来。地区的经济发展需要切实的经济发展政策支持,构建完善的经济发展体系,在经济发展中保护好环境,有效发挥绿色全要素生产率对经济可持续发展的作用。

万州区未来经济发展将逐步由资本、劳动和以 SO_2 等污染气体排放量为代表的环境因素转变成可持续的绿色全要素生产率驱动。如何更好地发展绿色全要素生产率，如何使得绿色全要素生产率对经济发展产生更好的促进作用，如何使万州区的经济保持高度可持续发展还需进一步进行研究。

······· 参考文献 ·······

[1] 杨文举. 基于索洛扩展模型的中国地区工业绿色经济增长核算[J]. 统计与决策, 2015, (19): 13-17.
[2] 陈诗一. 能源消耗、二氧化碳排放与中国工业的可持续发展[J]. 经济研究. 2009, (4): 42-55.
[3] 涂正革. 环境、资源与工业增长的协调性[J]. 经济研究, 2008, (2): 93-105.
[4] 白稳. 湖北省绿色全要素生产率实证研究——与中部其他省份的对比分析[J]. 现代商贸工业, 2015, 36(8): 1-3.
[5] 吴齐, 杨桂元, 戚琦. 江苏省各市绿色全要素生产率估算与可持续发展分析[J]. 科技和产业, 2015, (8): 88-93.
[6] Rusiawana W, Tjiptoherijantob P, Sugandac E, et al. Assessment of green total factor productivity impact on sustainable indonesia productivity growth[J]. Procedia Environmental Sciences, 2015, (28): 493-501.
[7] 陈娟. 全要素生产率对中国经济增长方式的实证研究[J]. 数理统计与管理, 2009, 28(2): 277-286.
[8] Ahmed E M. Biochemical oxygen demand emissions impact on Malaysia's manufacturing productivity growth[J]. Global Economic: Review, 2007, 36(4): 305-319.
[9] 杨文举, 龙睿赟. 基于 DEA 的绿色经济增长核算: 以中国地区工业为例[J]. 数量经济技术经济研究, 2011, (1): 19-34.

The Analysis of Green TFP in Wanzhou Based on the Solow Residual Value Method

Di Miaomiao

（National Research Center for Upper Yangtze Economy, Chongqing Technology and Business University, Chongqing 400067）

Abstract: TFP is an important source of economic growth, and it is an important factor measuring a region's sustainable economic development capacity. This paper introduces the environment variable in the Solow residual calculation, giving an empirical analysis on green TFP of Wanzhou District of Chongqing and showing that because of the continuing negative growth of environment variable, so the GDP contribution amount is positive. Excessive labor inefficiencies cause that the amount of employment to GDP contribution is negative. Green TFP has a positive role in promoting economic growth in Wanzhou District, but the green TFP is still at a low level, there still has huge space for growth.

Keywords: green TFP; sustainable development; environmental protection; Solow residual value method

基于产业结构变迁视角的川渝地区城镇化动力驱动因子研究[*]

滕祥河[1]，张雅文[1]，王钰莹[2]

（1 重庆工商大学长江上游经济研究中心，重庆 400067；2 重庆工商大学经济学院，重庆 400067）

摘　要： 本文从产业结构视角研究及探讨重庆市和四川省城镇发展的驱动因子，并建立普通最小二乘法（OLS）与分位数回归模型实证分析内在逻辑数量关系。结果显示：川渝地区产业结构合理化正向作用于城镇化，重庆产业结构的边际影响效应相对稳定，四川产业结构变动的边际影响效应逐渐增强；第二产业和第三产业正向影响城镇化，川渝地区第三产业拉动效应要低于第二产业；川渝地区交通运输、仓储和邮政业，以及房地产业与城镇化正相关，而金融业对城镇化的影响在作用方向和作用效果上差异明显。

关键词： 川渝地区；城镇化；产业结构

*基金项目：国家社会科学基金重大项目"三峡库区独特地理单元'环境-经济-社会'发展变化研究"（11&ZD161）；国家社会科学基金一般项目"基于生态系统管理理论的流域管理体制创新研究"（12BGL129）；重庆市教育委员会软科学重点项目"乌江流域典型水电库区复合生态系统管理创新研究"（KJ120728）；重庆工商大学研究生"创新型科研项目"（yjscxx2016-06-05）。

作者简介：滕祥河（1990—），男，山东临沂人，博士研究生，研究方向为产业经济学、区域经济学；张雅文（1992—），女，湖南怀化人，硕士研究生，研究方向为区域经济学；王钰莹（1994—），女，四川宜宾人，重庆工商大学经济学院硕士研究生，研究方向为产业经济学。

继长江三角洲城市群发展规划和长江中游城市群发展规划后,2016年4月,成渝城市群发展规划正式出台,长江流域三大城市群分布格局初步形成,国家"两横三纵"城市发展格局进一步完善,城镇化建设已然成为新形势下的重要发展思路之一。同时,在城镇化发展进程中,尤其在经济发展进入新常态下,产业结构也正在发生重大变革。但相比发达国家,我国改革开放30多年来,城镇化与产业间的良性互动机制还未完全建立,用服务型经济带动城镇化建设更是处于低水平阶段。

未来,川渝地区是连接与支撑"一带一路"和长江经济带战略布局协同发展的关键板块,也是对接国际出海大通道的重要门户和打造中国经济新增长极的重点区域。其中,成渝地区又是城乡统筹综合配套改革试验区,其产业结构升级和城镇化建设是一项亟待解决的重要课题。目前,两省份由于发展基础和发展方向不同,在产业结构演进过程中,产业发展趋势不同,其响应的城镇化特征也不同。而解决西部欠发达地区的城镇化问题、产业升级的问题及产业如何支撑城镇发展的问题成为未来值得关注的焦点之一。

一、文 献 综 述

在工业化与后工业化时代,城乡结构开始进入快速转变的阶段[1],农村人口不断向城镇转移,带来城乡结构的变迁。全世界200多个国家和地区正在不同程度上经历着城镇化发展历程,选择城镇化建设道路已经普遍成为国家谋划发展的一种趋势和重要选择之一。

国外关于城镇化与产业结构的研究开始时间较早,研究内容广泛,而且取得了一系列研究成果。从城镇化演进机理来说,国外学者提出城镇化因工业化而生,是工业化的产物的观点[2],但是,由于城镇化和工业化发展程度上的区别,当城镇化水平持续提高超过工业化应有的水平之后,工业化不再是推进城镇化建设的主要力量,取而代之的是第三产业[3]。但是这种情况一般发生在处于较高经济发展水平阶段的国家[4]，而城镇化能否取得成功，与其适应产业结构变迁的能力紧密相关[5]。实际上，早在 20 世纪 60 年代，学者就认识到不同产业对城镇化影响的不同[6]，也就是说，不同产业由于属性上的差异对城镇化的影响也存在差异，工业和服务业比农业更能节约利用土地，因而这两大产业比农业更有利于城镇化发挥集聚效应。随着研究的深入，越来越多的学者将关注的焦点落到产业集聚方面，认为产业集聚效应在城镇化建设中发挥了重要作用[7]。

然而，城镇化与产业结构的关系也没有只停留在逻辑演绎上，运用现代计量工具进行定量分析和检验在西方国家也率先开始。以非洲为例，实证研究发现农业总产值和城镇化率之间成反比[8]；工业化与城镇化呈正相关 [9-10]；而且城镇化同第三产业呈正相关[11]。城市化的水平是由当地农业的初始就业水平及就业从农业向非农产业的转变共同作用的结果[12]。

相比于国外研究，国内由于市场经济体制尚未完全，政府行政力量干预并非完全退出，学者对于"中国式"的城镇化研究也更加多面。现代经济学理论认为，产业结构升级优化是推进城镇化的核心动力，现代城市发展的过程实际上也是产业结构不断优化升级的过程[13]。随着新经济时代的到来，推动城镇化的动力呈现多元化，而事实上，区域的产业结构具备基本能够展现城市化多元动力的属性特征，致使从产业结构角度考察产业结构变迁对城镇化的影响研究更加突出。部分学者从农业传统功能、农业产业化及农业现代化角度分析农业对城镇化影响[14-16]。另有学者研究工业化在城镇化进程中扮演的角色转变，城市化是工业的重要内涵、直接外延和最佳切入点，工业大规模生产的属性要求工业在城镇集聚，从而加速城镇化的进程[17]。但是，另有一部分学者对工业化的作用效应持有另一种值得关注的观点，工业化并不一定正向作用于城镇化，"工业三废"的不正当处理会导致工业化、城镇化非协调的[18]。此外，部分学者分析了第三产业与城镇化关系的区域差异，认为欠发达地区第三产业对城镇化具有显著的推动作用[19]，而第二、第三产业对城镇化有着正向影响，但是东部、中部和西部地区存在差别。其中，第二、第三产业在东部地区均是城镇化发展的重要因素，而第三产业是中部地区城镇化发展的最重要因素，西部地区城镇化发展则主要得益于第二产业[20]。当三次产业劳动生产率相同时，第一产业对城镇化的促进作用最大，其次是第三产业，第二产业的促进作用最小[21]。

上述文献对我们理解城镇化与经济增长的关系提供了重要思路和结论，但仍存在着边际改进空间。①现有相关研究较少关注在典型区域产业结构变迁对城镇化影响的适用性。在川渝等长江上游地区，尤其是西部欠发达地区，城镇化和产业结构问题更加复杂和突出，关注这些区域对于解决现实问题的指导方向更加明确，在国内区域性差异研究也更加切合实际。②现有文献很少将研究范围拓展到具体产业考察影响效应，尤其是将研究视觉进一步延伸到第三产业内部主要行业的影响效应，大多数研究仅从产业结构合理化和高级化的角度度量对城镇化的影响。实际上，行业结构变化是产业结构变化的基础，行业间的属性不同，因而其在实际影响途径和作用程度等方面也会有所区别，研究中需要加以区分。③研究方法上，以往对城镇化驱动因子研究多采用 OLS 刻画整体平均效应，而较少关注在特点分位点上的边际效应和变化趋势，相对于 OLS 估计，分位数回归刻画解释变量对被解释变量的影响更加细致，将解释变量在（0，1）区间不同分位点上的数据分别进行回归估计，估计系数值为解释变量对被解释变量在特点分位点上的边际效应，从而比 OLS 估计整体平均效应更加刻画发展过程中的边际影响效应。

二、产业结构变迁影响城镇化的机理

在理论上，农业人口空间转移进城所表现出的简单物理属性是城镇化内涵的重要内容，但绝对不是全部内容。实际上，进城的外来群体之间在个体体质、劳动技能和知识水平等方面的差异导致居民属性特征由均质态转向异质态，而且同原有城镇群体在职业诉求、思维观点及生活习惯等方面分化明显，在城镇化的推进过程中自始至终就对产业结构提出完善的要求。这是因为改变生活式城镇化落后于思想意识城镇化和空间城镇化的现状，不仅要增加就业以保障新群体有稳定的收入来源，更应通过适时调整就业规模和就业结构以跨越异质群体之间的鸿沟。不仅如此，解决产城欠融合的窘境需要以产业发展带动人口迁移为前提，而产业发展无论对就业结构的调整还是城镇空间的开拓抑或是城镇功能的完善都极为重要。按照这一逻辑，调整产业结构实现经济发展可以提升城镇化水平。

首先，产业结构合理化是产业间的协调发展，是关于产业间协调程度的测度，或者说产业间的一种聚合质量水平，也可以反映资源的有效利用水平，即为投入产出的耦合关系[22]。其表征特征是产业间数量比例关系及产业间关联作用程度，其实质是要素自由的流动和资源的有效配置，进一步总结资源要素优化配置效应和产业关联效应。一是资源要素优化配置效应是生产效率提高和生产效益增加的结果，资源要素倾向于由生产效率低和生产效益低的部门或产业流向生产效率和生产效益均较高的部门或产业，同时，在资源要素不断聚集的过程中，产业规模和集聚效应将首先得到有效发挥，进而产业的规模和集聚效应又通常表现在地域空间上的规模和集聚，由此"城"因"市"而生。二是产业关联效应实际上主要表现在投入产出关系上，一方面是产业直接关联效应，城镇化建设是一项系统和复杂的工程，在城镇化建设过程中首先需要大量的住宅、交通、水、煤气、邮电等产品和服务，尤其增加对住房和交通的需求，基础需求的扩张首先作用于房地产业、交通运输设备制造业等与需求直接相关的产业；另一方面是产业间接关联效应，产业间投入产出关系加速了产业带动效应，随着对房地产业和制造业的需求扩大，通过投入产出关系间接带动能源、机械、化工、建筑等其他相关行业的发展。我们提出：

假说 1：产业调整带来的产业间协调程度的加深能够通过资源要素优化配置效应和产业关联效应促进城镇化，两者间存在正向关系。

其次，产业结构高度化是产业结构由低级向高级的转换过程，通过产业的技术创新和进步至少从三个方面促进了城镇化建设。一是促进城市经济服务型的转化，导致城市集聚效应更加扩展，产业结构高度化伴随着劳动力、资本及技术等要素流向第三产业，尤其是现代服务业发展最为明显，生产性服务业的发展通过扩展和深化劳动分工的形式，逐渐提升城市的劳动生产率及人均收入水平，更多的生产服务业在城市集聚，从而吸引更多的想获取医疗卫生、旅游服务、教育培训、患者看护等关系生活品质方面的人群流向城市；二是拓展城市发展新区，将城市规模效应放大，传统城区往往不具备支撑产业结构高级化的要素，缺少充足的科技智力资源、发达的交通和通信网络，以及良好的创业环境等条件，通过在城市周边设立产业园区，尤其是高新技术开发区，随后带动城市周边的配套措施，吸引更多的人聚集于此，从而扩大城市规模，促进城镇化；三是城市功能的完善和衍化，产业结构高级化必然伴随着信息化的发展趋势，而信息化对于城镇化发展来讲是至关重要的，尤其体现在城市管理和为城市提供服务方面。

考虑到川渝地区在第二产业和第三产业同全国水平相比存在巨大差异，而且用第二、第三产业产值占比来衡量产业结构高级化对城镇化的影响，在计量分析中无法区分第二、第三产业对城镇化的影响差异，而且第二、第三产业对城镇化的影响的区域差异比较难以体现，同时，在西部欠发达地区，第二产业发展仍处于相对优势地位，但第三产业也逐渐随着经济的发展凸显后发优势，因而分别从第二、第三产业角度综合量化对城镇化的影响显得更加有必要。基于此，我们提出：

假说2：第二产业 GDP 占比和第三产业 GDP 占比对城镇化影响具有差异性特征，相比第二产业的影响效应，第三产业在发展趋势上具有更大的成长空间和作用潜力。

最后，行业是产业的基础，产业内部行业的变迁引起产业结构整体的变迁，仅从产业结构的整体变迁研究容易忽略具体行业对城镇化的影响效应，制定科学、合理和有效的针对性政策，需要将研究视角进一步延伸到各产业内部行业中。第一、第三产业中劳动密集型行业具备较高的就业弹性，就业吸纳能力强。第二产业由于资本和技术对劳动替代逐渐增强、就业空间逐渐缩小，可以吸纳工业部门在产业升级过程中产生的结构性失业人员，从而避免这些失业人员流回农村。在第二、第三产业中，金融、咨询、信息与保险业的技术密集型行业的发展，以及医疗卫生和教育等的改善，增加了城市公共服务的能力，完善了城市基础设施，提高了城市生活的质量，增强了城镇化扩展的内生动力，创造了良好的生活环境的同时，再次增强了城市吸引力，促进了人口向城市聚集。基于此，我们提出：

假设3：第三产业内部行业属性存在较大的差异，因而对城镇化的影响效应也表现出差异性特征。

三、变量选取、模型设定和数据说明

（一）变量选取

1. 城镇化率

本文使用较为普遍的城镇常住人口比重来衡量人口城镇化率指标来度量城镇化水平，公式为

$$URC = N_1 / N \times 100\%$$

其中，URC 代表人口城镇化率，N_1 表示城镇人口数，N 为常住人口数[①]。选择这一指标主要出于以下两点考虑：一是综合指标在指标选择方面的争论较多，指标计算复杂，受主观性影响大，难以确定各项指标权重的赋值；二是城镇化的核心要素是人，用人口城镇化率来衡量城镇化率相对来说比较合适，而且更加符合本文研究的长江上游地区，尤其是西部欠发达地区的实际情况。

2. 产业结构指数

产业结构指数是指产业结构合理化指数和产业结构高级化指数。第一，产业结构合理化是衡量三大产业之间的比例关系和协调程度，我们在度量产业结构合理程度时，使用泰尔指数（TL）来考量产业结构合理化指数[23]，公式为

$$TL = \sum_{i=1}^{n} \left(\frac{Y_i}{Y} \right) \times \ln \left(\frac{Y_i}{L_i} \bigg/ \frac{Y}{L} \right)$$

其中，Y 和 Y_i 分别代表总产值产值和行业产值，L 和 L_i 分别代表总就业人数和行业就业人数。

---

① 这里的总人口为常住人口，并非是户籍人口。

第二，产业结构高级化是产业结构不断向深加工度化和高附加值化发展。考虑到川渝地区在第二产业和第三产业同全国水平相比存在巨大差异，而且用第二、第三产业产值占比来衡量产业结构高级化对城镇化的影响，在计量分析中无法区分第二、第三产业对城镇化的影响差异，因而本文在实证研究方面，分别测算了第二产业和第三产业对城镇化的影响，其中，以 SRP 和 TRP 分别代表第二、第三产业产值比重。

3. 第三产业内部主要行业变量

一方面，近几年，第三产业发展迅速，第三产业占比开始超过第二产业占比，成为推动经济发展的主要动力和增长点，新型城镇化的产业支撑更离不开第三产业的发展。另一方面，第三产业内部行业众多，行业属性存在较大的差异，积极推进战略新兴产业，尤其是发展现代服务业，成为经济结构调整优化的主要方向，对经济社会发展的影响也比较明显，考虑到第三产业内部行业就业属性、产值比重和发展前景等方面分别选取了交通运输、仓储和邮政业，金融业和房地产业三个主要行业进行研究，分别用 JT、JR 和 FD 代表这三个行业产值在第三产业中的比重。

考虑到时间序列经济数据的稳定性和避免回归产生异方差的问题，本文也对以上变量数据取对数处理。

（二）模型设定

首先，根据上述产业结构变迁对城镇化的作用机理的分析及假说 1、假说 2，本文设定如下分位数回归模型

$$\ln \text{URC}_i = \beta_0 + \beta_1 \times \ln \text{TL}_i + \beta_2 \times \ln \text{SRP}_i + \beta_3 \times \ln \text{TRP}_i + u_i \qquad (1)$$

式中，i 代表地区，URC 表示城镇化率，TL 为产业结构合理化指数，SRP 和 TRP 分别表示第二、第三产业的比重，u 是残差项。

其次，根据第三产业内部主要行业对城镇化影响的机理分析及假说 3，同样建立分位数回归模型

$$\ln \mathrm{URC}_i = \beta_0 + \beta_1 \times \ln \mathrm{JT}_i + \beta_2 \times \ln \mathrm{FD}_i + \beta_3 \times \ln \mathrm{JR}_i + u_i \qquad (2)$$

式中，i 代表地区，t 表示时间，URC 表示城镇化率，JT 为交通运输、仓储和邮政业，JR 和 FD 分别表示金融业和房地产业，u 是残差项，β_0 为常数项系数，β_1、β_2 和 β_3 为边际影响系数。

（三）数据说明

首先，关于城镇化率。长江上游四省市 2005～2014 年的城镇化率数据来自历年《中国统计年鉴》《新中国六十年统计资料汇编》和《中国城市统计年鉴》，以及国家统计局网站数据库和中国经济网数据库。值得注意的是，历年相关统计年鉴给出了 1997～1999 年云南、贵州和四川的户籍人口城镇化水平，但与本文研究城镇常住人口城镇化率不符合，因而对这 3 年的数据结合回归填补方法进行修补，以保持研究变量的一致性。其次，关于产业结构。同城镇化数据来源基本相同，各省市关于三次产业产值及三次产业就业人员来自历年《中国统计年鉴》《贵州统计年鉴》《云南统计年鉴》《重庆统计年鉴》和《四川统计年鉴》。

四、实证研究与结果分析

（一）三次产业发展对城镇化影响的回归分析

为了检验产业结构合理化和第二、第三产业发展对城镇化的影响，同时，鉴于目前长江上游地区四省市城镇化发展现状，较低分位点上的城镇化效应对现实指导意义不大，较高分位点上的城镇化在短期内较难实现，因此，我们设置了 5 个分位点分别做分位数回归以度量不同变量在不同分位点上的边际效应，并加入 OLS 回归以度量各变量在整体上的平均作用效应，回归的具体结果如表 1 所示。

表1 分位数回归结果

地区	系数	Quantile 30	Quantile 40	Quantile 50	Quantile 60	Quantile 70	OLS
重庆	β_0	−10.2298*** (−7.7287)	−10.4399*** (−10.4913)	−10.4399*** (−10.4587)	−10.3421*** (−10.7757)	−10.3486*** (−10.9145)	−9.9669*** (−11.3166)
	β_1	−0.2209** (−2.9121)	−0.2453*** (−4.3466)	−0.2453*** (−4.3246)	−0.2358*** (−4.3329)	−0.2363*** (−4.4035)	−0.2706*** (−5.4908)
	β_2	2.3325*** (17.1288)	2.3449*** (24.8094)	2.3449*** (24.7328)	2.3176*** (25.5287)	2.3235*** (25.8994)	2.3103*** (26.4091)
	β_3	1.5686*** (7.4549)	1.6372*** (10.5345)	1.6372*** (10.4992)	1.6316*** (10.9204)	1.6277*** (11.0383)	1.5688*** (11.1939)
	R_1	0.9862	0.9083	0.9092	0.9097	0.9069	0.8976
	R_2	0.9832	0.8886	0.8897	0.8903	0.8870	0.8757
四川	β_0	−5.3097*** (−3.5428)	−5.1564** (−2.5829)	−4.9808** (−2.5855)	−5.9926*** (−3.0854)	−6.7714*** (3.8966)	−6.7949*** (−3.6218)
	β_1	−0.3055* (−1.9501)	−0.2418 (−1.3181)	−0.2778 (−1.5661)	−0.2063 (−1.0696)	−0.1447 (−0.8094)	−0.1377 (−0.7087)
	β_2	1.6789*** (17.6176)	1.6648*** (11.0117)	1.6786*** (11.7106)	1.7079*** (12.5857)	1.7996*** (15.4196)	1.7958*** (14.3157)
	β_3	0.9569*** (4.3218)	0.8719*** (3.0367)	0.8411*** (3.0011)	1.0317*** (3.6637)	1.1004*** (4.4265)	1.1051*** (4.1077)
	R_1	0.9799	0.8867	0.8959	0.8969	0.9056	0.9106
	R_2	0.9757	0.8624	0.8737	0.8748	0.8854	0.8915

注：R_1 和 R_2 为相应的拟合优度值
***、**、*分别表示在 1%、5%和 10%的显著水平下通过显著性检验

与传统回归分析的拟合优度分析类似，分位数回归也需要计算拟合优度，在表1中，分别给出了拟合优度值和调整值，从数据上看，拟合效果比较好，说明回归方程在一定程度上是有效的。

从产业结构合理化来看，在特定分位点上的边际作用效应和整体上平均作用效应中，产业结构合理化指数与城镇化呈负相关，即产业结构合理化指数越小，产业结构越合理，从而越有利于提高城镇化水平，但产业结构合理化对城镇化影响存在区域差异，重庆产业结构的边际影响效应相对稳定，四川产业结构变动的边际影响效应逐渐增强。实际上，这与现实情况也是基本一致的。近

来，重庆和四川都加快了产业结构调整步伐，尤其是自成渝经济区设立以来，有效地促进了生产要素资源在产业间的合理配置，产业协调程度加深，对城镇化的影响效应比云贵地区明显。

从第二产业占比作用效应来看，在特定分位点上的边际作用效应和整体上平均作用效应中，第二产业占比与城镇化都呈正相关，即随着第二产业占比的提升，城镇化水平也相应提高，第二产业能够拉动城镇化的显著性水平得到有效检验。从区域差别来看，重庆的作用效果最为明显，应该看到，第二产业的主导产业是工业，工业化过程中的集聚效应，以及通过产业关联产生的连锁效应对城镇化建设的推动作用依然占重要地位，而重庆作为传统工业城市，在将工业化推向高端的过程中也极大地带动了城镇化建设。其中，1997～2014年重庆和四川在不同分位点上，第二产业对城镇化影响比较稳定，平均分别维持在2.33和1.72左右的水平上，重庆第二产业的作用系数相对较高，这与重庆过去作为传统工业城市息息相关。

从第三产业的作用效果来看，在特定分位点上的边际作用效应和整体上平均作用效应中，第三产业占比与城镇化同样呈正相关，即随着第三产业占比的提升，城镇化水平也相应提高，第三产业能够拉动城镇化建设的显著性水平也得到实证有效检验。但是从区域作用效果来看，重庆第三产业对城镇化的拉动效应最为明显，其次是四川。

从第二产业和第三产业作用对比效果来看，在特定分位点上的边际作用效应和整体上平均作用效应中，重庆和四川第三产业拉动效应要低于第二产业。之所以会出现这种结果，一个可能的重要原因是：第三产业中各行业属性不同，既有技术和资本密集型行业，又有劳动密集型行业，各省市在第三产业中主要行业的发展方向不同。目前，川渝地区交通运输、仓储和邮政业，批发和零售业，住宿和餐饮业等传统行业就业人员比重基本维持在40%～50%，而以信息传输、软件和信息技术服务业务和软件业、金融业和房地产业为代表的新兴行业的比重虽然较低，但一直呈现增长的发展趋势，相比依靠相对廉价的劳动力为传统行业提供基础性的服务，岗位一般不要求知识储备和技术，像批发零售和零售等行业属于劳动密集型行业。而新兴行业（如金融行业）要求科技含量和知识储备，这对城镇化的主体，以"人"为核心提出了新的挑战，也就是说第三产业对城镇化的拉动方式不仅局限于普通民众进城安家就业，而且越来越注重吸引高技能和高素质的人才进城。

（二）第三产业内部主要行业对城镇化影响的回归分析

为检验第三产业内部主要行业对城镇化影响，本文同样也分别设置了 5 个分位点做分位数回归，以度量不同变量在不同分位点上的边际效应，并加入 OLS 回归以度量各变量整体平均作用效应，回归的具体结果如表 2 所示。

表 2　分位数回归结果

地区	系数	Quantile 30	Quantile 40	Quantile 50	Quantile 60	Quantile 70	OLS
重庆	β_0	2.4492***	2.4843***	2.4885***	2.4885***	2.4655***	2.4399***
		(61.0978)	(56.0858)	(56.5722)	(56.8603)	(61.3538)	(53.7419)
	β_1	0.2519***	0.2451***	0.2398***	0.2398***	0.2521***	0.2609***
		(13.0779)	(10.9924)	(11.0019)	(11.0507)	(13.2760)	(10.5739)
	β_2	−0.1061***	−0.1153***	−0.1142***	−0.1142***	−0.1111***	−0.1234***
		(−8.0991)	(−8.0803)	(−8.1670)	(−8.2026)	(−8.9101)	(17.8278)
	β_3	0.1093***	0.1208***	0.1247***	0.1247***	0.1131***	0.1205***
		(6.8407)	(6.6452)	(6.9771)	(7.0084)	(7.0391)	(5.7889)
	R_1	0.9473	0.9526	0.9574	0.9603	0.9611	0.9957
	R_2	0.9360	0.9425	0.9482	0.9517	0.9528	0.9948
四川	β_0	1.7756***	1.8912***	1.8844**	1.8519***	1.8103***	1.8588***
		(10.3234)	(12.1360)	(12.1202)	(11.9598)	(11.7131)	(19.8250)
	β_1	0.1190	0.0725	0.0754	0.0875	0.1040	0.0982**
		(1.6081)	(1.0866)	(1.1276)	(1.3268)	(1.5828)	(2.3004)
	β_2	0.0847**	0.0826**	0.0808**	0.0731**	0.0625*	0.0724***
		(2.2394)	(2.4885)	(2.4312)	(2.2070)	(1.8579)	(3.2464)
	β_3	0.0929*	0.1241**	0.1243**	0.1258**	0.1274**	0.1127***
		(1.9019)	(2.8024)	(2.7903)	(2.8225)	(2.8607)	(4.1253)
	R_1	0.8918	0.9108	0.9196	0.89235	0.9239	0.9899
	R_2	0.8624	0.8917	0.9024	0.9071	0.9077	0.9878

注：R_1 和 R_2 为相应的拟合优度值

***、**、*分别表示在 1%、5% 和 10% 的显著水平下通过显著性检验

从拟合优度值和调整值上看，拟合效果比较好，说明回归方程在一定程度上是有效的。

从交通运输、仓储和邮政业来看，在特定分位点上的边际作用效应和整体上平均作用效应中，交通运输、仓储和邮政业与城镇化呈正相关，即随着交通运输、仓储和邮政业水平的提高，城镇化水平也相应地提升，而且整体上在不同分位点上的边际影响系数波动较小，说明交通运输、仓储和邮政业对城镇化的边际影响效应比较稳定，但其对城镇化的影响存在区域差异，重庆在不同分位点上的边际影响效应基本维持在 0.25 个百分点左右，四川的边际影响效应分别低于 0.1 个百分点。实际上，相比四川，重庆的交通运输、仓储和邮政业在第三产业中的占比较小，存在较大的发展空间和潜力。重庆和四川交通运输、仓储和邮政业在 0.7 分位点上，即当城镇化水平分别为 51%和 34%时，系数值为 0.2521 和 0.1040，而且从低分位到高分位系数值有提升的趋势。也就是说，未来四川城镇化水平由目前的 40%～48%提升到重庆城镇目前 60%左右的水平，交通运输、仓储和邮政业的边际影响效应将仍是重要推动力之一。

从金融行业来看，在特定分位点上的边际作用效应和整体上平均作用效应中，金融业对城镇化的影响效应在作用方向和作用效果上表现出较大的不确定性。四川金融业与城镇化呈正向关系，而重庆金融业与城镇化呈负相关关系，本文认为其中的一个重要原因是：金融业有金融规模和金融效率上的区分，农村金融规模的扩大不利于缩小城乡差距，只有提高农村金融效率才能缩小城乡收入差距[23]，而且重庆农村金融发展加剧了城乡收入差距[24]。另外一个可能的原因是，金融业从属性就要求具备高素质和高技能，而且金融业容易引致产业向资金过密化方向发展，导致金融与相关涉农产业发展脱节，对涉农等贷款对城镇化的支持力度上不足。这也是金融业随着分位点的提高，系数值有不断减小的发展趋势的重要影响因素。此外，与同期其他行业相比较，金融业的系数值较小，其边际效应也相对较小。

从房地产业来看，在特定分位点上的边际作用效应和整体上平均作用效应中，相比重庆，四川房地产业对城镇化的推动作用较为明显，数据显示，在分位点 0.7 处，即当四川和重庆城镇化水平分别为34%和51%时，边际效应分别达到 0.1274 和 0.1131。

五、结论与政策建议

城镇化建设是中国经济转型的重要依托，城镇化建设在依赖于以改革等手段破除城镇化制度阻碍因素的同时，依然离不开从供给侧结构性调整优化来提高城镇化发展水平。本文从产业结构视角研究及探讨重庆市和四川省城镇发展的驱动因子，结论如下：在特定分位点上的边际效应和整体上平均效应中，成渝地区产业结构合理化能够正向作用于城镇化水平，重庆产业结构的边际影响效应相对稳定，四川产业结构变动的边际影响效应逐渐增强；第二产业和第三产业正向影响城镇化，重庆和四川第三产业拉动效应要低于第二产业；从第三产业内部行业来看，交通运输、仓储和邮政业，以及房地产业与城镇化呈正相关，而金融业对城镇化的影响效应在作用方向和作用效果上差异明显。四川金融业与城镇化呈正相关，而重庆金融业与城镇化呈负相关。

影响城镇化水平的因素众多，本文根据研究的对象和结果，提出如下发展建议。①把握历史机遇，借助"一带一路"和"长江经济带"等国家战略，充分发挥川渝地区未来战略的支点作用，推进蓉欧和渝新欧协同效应，以物流带人流，释放内需，促进产业结构转型升级。②以产业融合发展提升产业结构合理化水平和高级化水平，如利用川渝地区旅游资源富集地的优势，借助"农业+"和"+农业"的手段，用工业的生产方式发展农业，用服务业的思想开发农业，支持发展乡村旅游、农产品深加工和休闲农业。③推动第三产业内部行业有序发展，加大力度疏通区域性交通网络，克服"肠梗阻"，在解决区域交通发展不平衡的基础上，推动"水上航道""空中走廊"和"云端专线"等多种运输方式协同发展；更加注重提升农村金融发展对缩小城乡收入的作用，更加注重农村金融效率的提升；同时，加快调整房地产业结构，协调发展商业地、旅游地产和产业地产，统筹推进一线、二线、三线和四线城市的房地产业发展，尤其是解决三线城市和四线城市的老年住房问题和城市基础设施问题。

·············· **参考文献** ··············

[1] Hughes J, Cain L. American Economic History[M]. San Francisco: Addison-Wesley, 2003: 450-482.

[2] 钱纳里，赛尔奎因. 发展的型式: 1950-1970[M]. 北京: 经济科学出版社, 1975: 68-69.

[3] Moir H. Relationships between urbanization levels and the industrial structure of the labor force[J]. Economic Development and Cultural Change, 1976, （1）: 123-135.

[4] Kuznets S. Modern Economic Growth: Rate, Structure and Spread[M]. Yale: Yale University Press, 1966.

[5] Glaeser E. Reinventing Boston: 1630-2003[J]. Journal of Economic Geography, 2005, （5）: 119-153.

[6] Mills E S, Becker C M. Studies in Indian Urban Development[M]. Oxford: Oxford University Press, 1986.

[7] Vemon H J. The Effects of Urban Concentration on Economic Growth[J]. NBER Working Paper, 2007, （503）: 53-54.

[8] Bruckner M. Economic growth, size of the agricultural sector, and urbanization in Africa[J]. Journal of Urban Economics, 2012, （2）: 26-36.

[9] Shahbaz M , Lean H H. Does financial development increase energy consumption? The role of industrialization and urbanization in tunisia[J]. Energy Policy, 2012, （40）: 473-479.

[10] Davis K, Golden H. Urbanization and the development of pre-industrial areas[J]. Economic Development and Cultural Change, 1954, （10）: 6-24.

[11] Gilert A, Gugler J. Cities, Poverty and Development[M]. Oxford: Oxford University Press, 1982.

[12] Micheals G, Rauch F, Redding S J. Urbanization and structural transformation[J]. Quarterly Journal of Economics, 2012, （2）: 535-586.

[13] 陈柳钦. 论城市发展的动力机制——从产业结构转移与发展的视角来研究[J]. 现代经济探讨, 2005, （1）: 10-24.

[14] 辜胜阻, 郑凌云. 人口逆淘汰与城镇化制度安排关系[J]. 中国人口科学, 2002, （5）: 18-25.

[15] 杨小雨, 曾克峰, 刘超. 农业产业化在城镇化进程中的驱动力分析——以河南省漯河市为例[J]. 安徽农业科学, 2007, （4）: 1204-1206.

[16] 夏春萍, 刘文清. 农业现代化与城镇化、工业化协调发展关系的实证研究——基于VAR 模型的计量分析[J]. 农业技术经济, 2012, （5）: 79-84.

[17] 赵伟. 工业化与城市化: 沿海三大区域模式及其演化机理分析[J]. 社会科学战线, 2009, (11): 74-81.

[18] 屠雪姣, 陈多长. 工业化、城市化与土地资源可持续利用之间的关系——以长江三角洲地区为例的实证研究[J]. 资源开发与市场, 2008, (12): 1109-1113.

[19] 邹璇. 欠发达地区第三产业发展对城镇功能促进作用的实证研究[J]. 中南财经政法大学学报, 2009, (5): 43-47.

[20] 王立新. 经济增长、产业结构与城镇化[J]. 财经论丛, 2014, (4): 3-8.

[21] 吴子稳, 潘群群, 傅为忠. 三次产业与城镇化的关系分析[J]. 西北人口, 2011, (4): 12-16.

[22] 干春晖, 郑若谷, 余典范. 中国产业结构变迁对经济增长和波动的影响[J]. 经济研究, 2010, (5): 4-16.

[23] 王修华, 邱兆祥. 农村金融发展对城乡收入差距的影响机理与实证研究[J]. 经济学动态, 2011, (2): 71-74.

[24] 冉光和, 张金鑫, 李敬. 农村金融发展对城乡收入差距的影响——以重庆市为例[J]. 城市问题, 2009, (10): 48-52.

The Research on Driving Factors of Urbanization in Chuan-Yu Area—Based on the Angle of Changes of Industrial Structure

Teng Xianghe[1], Zhang Yawen[1], Wang Yuying[2]

(1 National Research Center for Upper Yangtze Economy, Chongqing Technology and Business University, Chongqing 400067; 2 School of Economics, Chongqing Technology and Business University, Chongqing 40006)

Abstract: Based on the angle of industrial structure, the paper explored the driving factors of town development in Chuan-Yu area, and analyzed the interval number-relationship by OLS and quantile regression model. The results are shown as follows. Firstly, in the marginal and the average effect, rational industrial structure promotes the urbanization in Chuan-Yu area. The marginal effect of industrial structure in Chongqing is relatively stable while the counterpart in

Sichuan is gradually strengthening. Secondly, the development of the secondary and the tertiary industry promotes urbanization, and the pulling effect of the tertiary industry is less than that of the secondary industry both in Chongqing and Sichuan. Thirdly, the interval sector of the tertiary industry, transportation, warehousing, postal services and the real estate promote the urbanization, while the finance plays an uncertain role.

Keywords: Chuan-Yu area; urbanization; industrial structure

三峡库区万州山水城市空间形态动态演变研究[*]

秦方鹏

（重庆工商大学长江上游经济研究中心，重庆 400067）

摘　要： 分析和研究城市空间形态的动态演变对于促进城市空间优化发展和落实"美丽中国"、新型城镇化建设有重大意义。本文以三峡库区中心城市重庆市万州区为研究区域，针对其快速的城市发展、脆弱的生态环境、独特的山水格局，根据当前城市空间形态特征，分析了万州城市空间形态的自然及社会经济相关影响因素，并研究了万州区城市空间形态的历史演变规律：由清代早期城镇的据点式开发到民国时期的集中连片发展,现今随着城镇规模的扩大，受到山江阻碍，形成分散组团式发展格局，各个组团相互紧密联系，又趋于集中；未来应科学调控城市规模扩展，以分散的方式发展城市周边的小城镇为卫星城。本文最后提出应采取中心带动、组团式发展的策略来优化万州区城市空间形态。

关键词： 山水城市；城市空间形态；动态演变；三峡库区；万州区

*作者简介：秦方鹏（1993—），男，重庆合川人，重庆工商大学硕士研究生，研究方向为区域经济。

一、前　言

1. 研究背景

近年来，随着城市化的快速发展，城市规模也与之剧增，相应地，城市空间形态也在不断发展变化中。自然山水作为城市得天独厚的自然资源，构成了优良的城市空间骨架，对城市空间形态的形成和演变有着重要的影响。然而，目前的快速的城市建设中，往往忽视以山水为代表的自然生态环境和文化，从而导致对生态环境的破坏、城市空间形态与自然山水格局的关系不明确、城市地方特色缺失等一系列问题。

为了应对这一系列问题，党和政府高度重视，并提出了一系列方针政策。党的十八大报告指出，必须把生态文明建设放在突出位置，首次提出"推进绿色发展、循环发展、低碳发展"和"建设美丽中国"。中央城镇化会议及《国家新型城镇化规划（2014—2020 年）》要求"让城市融入大自然，让居民望得见山、看得见水、记得住乡愁"。重庆市在《重庆市城乡总体规划（2007—2020年）》（2014 年深化）中，增加了"美丽山水城市"的城市性质论述，并提出了五大功能区建设的具体措施，是贯彻落实国家政策的重要举措[1]。

万州区位于长江中上游结合部，四川盆地向秦巴山地和云贵高原的过渡带，是三峡库区腹心，拥有优越的地理位置、依山傍水的生态优势及良好的政策导向。三峡库区蓄水后，对城市的空间形态带来了很大的变化，目前，多中心、组团式的现代大都市框架基本建立，城市发展突飞猛进，但同时也暴露出快速发展中城市空间形态扩展的一系列问题。因此，在万州城市化进程中如何把握与理解以水格局为代表的城市空间形态影响因素和城市动态演变规律，并合理利用山水资源来引导城市空间形态发展，塑造富有特色的城市空间形态是万州区城市发展亟待解决的问题，而且研究也会对中国众多山水城市起到借鉴作用。

2. 研究意义

万州区是重庆市第二大城市、三峡库区中心城市,其复杂鲜明的自然山水格局、三峡工程建设,以及移民后形成的脆弱的生态环境、快速发展的社会经济环境,对其城市空间形态的相关研究具有重大的理论和实践意义。近年来,万州区城市空间大规模拓展,城市空间形态演变迅速,迫切需要分析当今城市空间的规划和城市建设发展提供科学依据和指导;也有利于万州区落实"美丽山水城市"和新型城镇化建设,为库区乃至全国的山水城市空间形态提供借鉴意义。

3. 国内外相关研究综述

目前,国内外关于城市空间形态的研究成果众多。从建筑学、城市地理学、城市规划等多学科角度对城市空间形态的动力机制、发展模式、历史演变等都有深入研究,但其研究大都集中于世界大城市的普遍性研究,对于像三峡库区山江格局下,有着复杂的地形、脆弱的生态环境、激烈的人地资源矛盾等特征的城市空间形态研究还未有足够探索。

国外关于城市空间形态的研究最早可以追溯到古希腊,早在公元前5世纪,被誉为"城市规划之父"的建筑师希波丹姆(Hippodamus)从古希腊哲学追求秩序和美的传统出发,提出一种以棋盘式道路为骨架,城市广场和公共建筑分布其间的城市布局形式,此为城市空间形态研究的萌芽[2]。而关于城市形态的真正系统的研究,19世纪初才陆续有地理学家、历史学家、建筑学家开始对其概念进行界定。19世纪90年代,法国历史学家J. Fritz提出了"形态描述学"(morphography)这一概念,并提出通过城市平面描述来分析城市的路网格局,随后Fritz将城镇平面主要划分为规则和不规则布局两类,并解释此为新建城镇和历史城镇之间形成的一种反差[3]。到19世纪末20世纪初,德国人文地理学家O. Schluter于1899年发表《城镇平面布局》,主要从城市平面形态的角度对城市进行了解读[4]。1928年,美国文化地理学家J. B. Leighly首次提出了"城市形态"(urban morphology)这一概念,并对其进行了初步定义[5]。此后,国外城市空间形态研究越来越深入,视角越来越多元化,研究范围也不断扩大。国内关于城市空间形态的研究相比国外来说起步较晚。1990 年，学者武进从城市各要素的空间布局、城市文化面貌与特色、城市社会空间形态、人们对城市形态的体验和理解角度出发，首次正式提出对城市形态的理解[6]。之后，国内涌现了许多对城市空间形态的研究，大都侧重于实例的分析。总体而言，国内学者的研究主要集中在以下四个方面[7]：

一是关于城市空间形态形成的影响因素分析。例如，陈涛[8]认为，城市形态演变是受人文与自然多方面多角度因素影响的，城市空间设计应突出人工城市形态与自然山水环境的结合，城市的选址与建设充分考虑山水、地势等自然因素的影响与利用，从而使得人工环境与自然生态环境达到高度的和谐统一；杨子垒[2]从城市意象与城市空间形态着手，通过城市空间形态的演变和其在人群意象中的驻留，运用多种研究方法对城市意象与城市空间形态的关系进行初步研究，得出其关系在本质上属于物质与意识的关系。

二是关于城市空间形态的演变和模式探究。例如，杨超[9]将青岛 1990 年以来的城市空间形态演进划分为缓慢—快速蔓延—平稳内涵式—飞速蔓延发展四个阶段，其城市空间形态的扩展模式经历了"I"形带状扩展、"∠"形扩展雏形、"∠"形扩展填充、环湾发展和环胶州湾的"Ω"形扩展，并总结了城市空间形态沿城市发展方向向外拓展、向交通设施靠近，沿交通轴线扩展、沿滨海岸线扩展的特征；尹长林[10]通过设置不同规划场景模拟，评价了不同情景下城市空间形态的优缺点，最后探索得出长沙市未来科学合理的城市空间形态发展模式。

三是对城市空间形态构成要素和特征的分析。武进[6]、段进[11]等学者都认为城市空间形态的物质构成要素主要有道路网、用地和具有明显特征的功能单元等，也提到了经济技术条件、社会生活方式、历史文化和管理制度等诸多非物质要素。

四是集中于城市空间形态计量化的研究。例如，林炳耀[12]学者在城市空间形态的研究中引入量化的分析，使得研究更具有科学性和合理化；王剑锋[13]通过对城市空间形态的具体定量方法研究，进行城市均质性、街道景观空间、天际线量化提取分析，针对其不足之处分析提出一些新的定量化理论方法，丰富较微观层次的城市空间形态分析研究。

4. 研究内容与方法

本文重点研究以下几方面的问题:

(1) 从万州区城市当前空间形态特征出发,结合万州自身区情和历史发展过程,从自然和人文两大方面来分析其形成的影响因素;

(2) 整理并分析万州区城市空间形态演变历程,总结其发展演变规律;

(3) 根据万州区区情分析其城市空间形态演变中存在的问题,并提出针对性的空间发展优化建议。

本文通过实地野外考察、文献和理论研究、实例分析及对比分析法,对这一特殊自然与社会环境下的库区城市重庆市万州区的空间形态影响因素与空间演变历程与规律进行研究,加深相关理论的学习,并融入自己观点,做分析推理。

二、基 本 概 念

1. 山水城市

山水与城市的联系在《管子》一书中便已有阐述,《论语》中的"智者乐水,仁者乐山",也体现了我国自古以来的山水情结,以及对适宜的生活环境的美好愿景[14]。山水格局是诸多自然因素的典型和最鲜明的代表,同社会经济环境一起影响着城市的空间形态。"山水城市"的理念最先是由科学家钱学森在 1990 年给吴良镛教授的信中提出的。而后,钱学森教授曾多次对山水城市进行概括:山水城市是在现代城市理论和实践发展的基础上,以特定的地理环境条件为基础,营造市中人与自然、人与人和谐共处的,具有地方特色和中国风格的,最佳居住环境的中国艺术城市空间,山水城市建设可分为一般城市、园林城市、山水园林城市和山水城市四个层次[15]。

吴良镛教授在畅谈山水城市与 21 世纪中国城市发展时指出:"山水城市"这一问题的核心是城市要结合自然,将其称为城市的一种模式,即"山—水—城市",即在城市形态上,强调它山水的构成作用和城市的文化内涵[14]。

2. 城市空间形态及其主要类型

"形态"一词来源于希腊语 morphe（形）和 logos（逻辑），意指形式的构成逻辑，也指事物在一定条件下的表现形式[16]。城市形态与城市空间形态是紧密联系但又不同的两个概念。城市形态与城市空间形态的联系与区别在于：城市形态不仅包括城市的各构成要素在互动影响发展下所构成的空间分布特征，也是城市在特定的自然与人文经济环境下所表现出的复杂的文化、经济和社会过程，是人们所感知的整体意象。而城市空间形态是从城市空间的角度，研究城市规模和各界面、功能分区在地域上的总体空间分布特征，以及城市的空间组织和面貌。

城市空间形态的类型大体上可以分为集中式和分散式两类。所谓集中式的空间形态是指城市集中连片发展，又可进一步分为放射状、团状和带状形式；分散式的城市空间形态是指由于城市地形或其他因素的限制，城市的用地被分割成相对独立的部分，其类型主要是组团式、块状群组和星座式城市[17]。

三、万州区基本概况

（一）自然地理环境

万州区位于长江中上游结合部，重庆市东部，四川盆地东部边缘。东与云阳县相连，南邻石柱县和湖北省利川市，西连梁平县、忠县，北倚开县和四川省开江县。距重庆水路 327 千米，陆路 328 千米，是三峡库区腹心城市，长江由南向北而后向东穿越境内，地理坐标位于东经 107°52′～108°53′，北纬 30°24～31°15′，是长江流域的重要港口城市[18]。

万州区具有山城和江城双重特色。万州区在地势上处于我国第二级阶梯的东部边缘地带，四川盆地位于秦巴山脉和云贵高原的过渡地带，区内地块较为破碎，地貌类型多样。境内海拔为 175～1750 米，以山脉为主，西部山丘起伏，中间地势低下，中低山和丘陵占全区土地面积的 90%以上，平地很少。区内地貌龙宝和天城以丘陵为主，五桥以低山为主，地面起伏较大[19]。长江与周围山地成为主城外部形态主要构成因素,这些都给城市建设带来了很多限制性因素,但也成为形成万州城市空间形态特征的主导因素。

(二) 社会经济环境

万州历史悠久,以"万川毕汇""万商毕集"而得名;位于三峡库区腹心,累计搬迁安置移民 26.3 万人,是重庆市人口最多、移民任务最重、城市体量最大、管理单元最多的区县,为重庆第二大城市。万州区作为库区中心城市,近年来社会经济发展迅速。根据《2013 重庆统计年鉴》[20],万州区 2012 全区生产总值 $6.63×10^{10}$ 元,居于重庆市第 4 位,占全市生产总值的 5.8%;其人均地区生产总值 42 016 元,为重庆两翼地区各区县最高;2012 年全区城镇人口为 $9.26×10^5$ 人,城镇化率为 58.49%。据《2014 重庆统计年鉴》[21]数据,2013 年万州城镇化率已达到 59.76%,同比增长 1.27%,高出全国 2013 年城镇化率(53.73%)6.03 个百分点[22]。按照《重庆市万州城市总体规划(2003—2020 年)》(2011 年修改方案)的城市规模扩展,预测到 2020 年约为 $1.50×10^6$ 人;规划中心城区人均建设用地指标控制在 90 米 ^{2}/人以内,到 2020 年城市建设用地规模约 135 平方千米。

(三) 三峡工程对万州区城市空间建设的影响

1. 城市发展用地紧缺

三峡库区蓄水后,库区段长江水位上升,最高蓄水位达到 175 米,库区城市不得不重新选择部分建设用地,或就地后靠(如巫山县),或就近后靠并跨江发展(如万州区、奉节县等),或异地迁建(如云阳县、秭归县)。库区蓄水淹没了大量土地,土地资源极为稀缺,加之地形复杂、坡度大,城市建设用地紧缺,为城镇的建设发展与自然资源的保护开发带来极大挑战。

万州区为三峡库区重庆段 8 个重点淹没县(巫山县、奉节县、万州区、涪陵区、云阳县、开县、丰都县、忠县)之一。根据长江水利委员会 1992 年水库淹没实物指标调查报告,淹没涉及万州主城区的 2/3,以及集镇 13 个、乡镇(办事处）21 个、居民小组 449 个、单位 1134 个、企业 372 家、139 个村、609 个村民小组；淹没耕地 1169.13 公顷，河滩地 440.6 公顷，园地 787.87 公顷，林地 166.26 公顷，鱼塘 34.53 公顷，柴草山 46.27 公顷；淹没人口 $1.617×10^5$ 人，其中农业人口 $3.9×10^4$ 人；淹没各类房屋面积 $701.63×10^4$ 平方米，其中农村 $1.30×10^6$ 平方米，城镇 $3.39×10^6$ 平方米，工矿企业 $2.33×10^6$ 平方米；淹没等级公路 42.92 千米，其中二级公路 15.18 千米；淹没港口 1 处，码头 152 座，文物古迹 61 处。各项淹没指标在库区都是最多的，损失是最大的，移民搬迁任务是最重的，这无疑对之后的万州城市建设及空间形态发展带来了巨大影响。

2. 城市生态环境脆弱，传统地域文化丢失

万州区地貌类型复杂多样，高差较大；库区蓄水后，洪水期与蓄水期所形成的高达几十米高差区段的消落带易发生滑坡等地质灾害；加之库区移民后开发了大量不适宜建设的用地，使得库区生态环境更加脆弱，环境承载力下降，不利于生态文明建设。万州区作为三峡库区重庆段移民任务最重的区县，其库区移民量占整个三峡库区的 1/5，重庆市的 1/4[23]。无论是移民外迁还是靠近搬迁，都对地域文化的传承与发扬带来了挑战。

四、万州区城市空间形态影响因素分析

（一）当前城市空间形态特征

1. 山城万州

万州城区周围地形较破碎，山地缓坡起伏，以低山丘陵为主，间有河流阶地、浅丘平坝等地貌。城区位于背山面水的坡地与山间平坝间，呈现出鲜明的三维立体山城特征。首先，山体构成了万州城市空间的总体轮廓线，其众多山体起伏错落，构成了城市天然的天际线，使得城市空间形态富有层次感，和谐地融入自然环境中。其次，山体也一定程度上限制着城市形态，决定了城市空间的发展容量和方向，促使城市跳跃式发展。最后，山体也构成了城市空间景观，成为城市景观的生态视廊，若城市发展结合得当，将显著改善城市面貌，丰富城市空间形态。

2. 江城万州

万州主城区位于苎溪河与长江的两岸，境内溪流众多，沟谷纵横，构成了城市的特色空间景观带。苎溪河与长江交汇形成"人"字形，长江流经万州城区段大致呈南北走向而后向东延伸，这些都影响着城市的空间分布和走向。库区蓄水后，长江水位上升，水流变缓，水面变宽，形成了"高峡出平湖"的内陆江河鲜有的特色景观，构成了城市空间的主轴线，串联城市各空间界面及各基础设施的建设，同山地地形环境一起构成了城市空间形态形成的主要因素。

3. 当前城市空间形态特征总结

据《重庆市万州城市总体规划（2003—2020 年）》（2011 年修改方案），万州城区空间形态为分散式的多中心、组团式特征，具体空间布局为一江四片、一主两副、九大组团。城区空间以长江为轴，串联了天城片区、龙宝片区、江南新区和经开区四大片区，形成中部主城及南北两个城市副中心，加之小山、溪沟、坡地与平坝相间的地形，将城区分散为九大组团的空间形态特征。长江穿城而过，将城区分为以高笋塘为中心的老城区及南滨路的江南新区，形成万州区空间上的"双城特征"。

（二）城市空间形态影响因素

1. 自然地理因素

地形、气候、水文、资源分布等自然地理要素都与城市的形成和发展密切相关。每个城市所处的地理环境不同，也就形成了各具特色的城市空间形态，因此对于城市的空间形态研究必须建立在城市的实际所处环境的基础上。

一江一河、山地平坝相间、平湖山城相映的山—江—城格局是形成万州区多中心、组团式空间形态特征的主要影响因素。万州区乃至整个三峡库区的城市大都沿江或河谷分布，这是由于沿江河有利于客、货运输集散，形成商贸物流中心，也有利于借助长江发展大动脉，促进城市的快速发展；另外，江河及其岸线也承载着城市供水、生态、文化、旅游、休憩等功能，对于城市空间形态的形成和发展有很大的导向性。而山地、沟谷、平坝构成了城市空间形态的骨架，其组合决定了万州城市的空间发展方向是优先向南北扩展，适当向东西扩展的。另外，气候、土壤等，尤其是地形坡度影响城市用地的规模、范围，影响城市各个组团的规模和形态。

2. 历史延续

万州区历史悠久，古为巴国地。东汉建安二十一年（公元216年）到后魏废帝元年（公元552年）间，万县正式建置，先后叫羊渠县和南浦县，县址在长江南岸。后魏废帝元年置鱼泉县，县址移至江北（今万州区环城路）[24]。历代城市的选址与搬迁均是沿山江间平坝移动的，这是现今城市空间形态特征形成的历史发展因素。

3. 经济、技术因素

社会经济的快速发展和技术的进步是城市空间形态形成和演变的重要因素。万州区社会经济的快速发展必然带来城市功能与产业的更新，而新的功能和产业要求城市能有与之相适应的空间形态格局，因此城市空间发展需要不断突破山江等自然地形的阻碍。

现代桥梁、隧道等工程技术的进步又为规模的突破提供了技术支持，使得城市向外分散成新的组团并使各组团紧密联系提供了可能。1997年万州长江大桥和2003年长江二桥的竣工，使得城市正式向长江南岸发展，城市组团式的空间形态特征更加鲜明。

4. 移民需求与政策导向

万州区作为三峡库区人口最多、移民任务最重、城市体量最大的城市，安置了大量移民，发展城市住房与设施等建设及就业等社会经济条件的要求，使得城市空间形态发生变化。譬如天城组团便有大量移民安置区，促使天城组团建设规模和产业快速扩张。

国家政策的制定是引导城市及其空间形态发展变化的重要因素。国家关于三峡库区建设、重庆直辖和万州国家级经济技术开发区建立，以及 2014 年国家海关总署批复同意建设万州保税物流中心等政策，使万州城市地位迅速上升，也为万州带来了资金、技术、人才和政策支持，制定新的城市规划方案，引导城市空间形态的发展。

5. 交通因素

城市的发展必须依托交通运输的发展。城市交通与城市空间形态两者之间的关系类似"树干"与"树形"的关系，城市交通对城市规模、空间结构，以及城市的产生、发展与演进都起着至关重要的作用，对城市形态的重新组合及垂直交叉的发展等微观形态方面也是关键的因素[25]。

城市交通网络及其发展演变方向与城市空间形态往往存在着紧密的联系。一方面，交通网络规划通过通达性、快捷性等交通要素的改变，会引发城市的规模扩展方向、功能布局、土地利用强度等的变化，从而影响着城市整体空间形态的变化；另一方面，城市的规模、功能布局等决定了城市交通需求的大小，影响着城市交通流的分布和交通工具的选择，对今后交通网络体系与发展方向起重要的导向作用[26]。万州主城空间南北方向及长江两岸扩展，便是由于长江航道由南向北穿城而过，以及过境交通干线在城区外围呈环状南北方向延伸。

6. 社会文化因素

社会文化活动是组成城市整体的主要活动之一，对城市形态特征的形成有相当重要的影响[27]。城市空间是地域文化的载体，反映着一个城市长期的文化积淀和居民的生活习惯，在每一特定的地区，种族群体的文化传统及其演化发展对城市空间的组织和发展产生了影响，形成了城市空间的文化特色[28]。城市的文化特色是城市空间形态的重要因素之一，城市设计必须与地域文化和地方特色联系起来。

万州在明清以后逐步成为地区的中心城市，文化特点上具有典型性。三峡一直是巴楚文化交融地区，而万州正是巴楚文化的交界地带，近代后西方文化逐步进入三峡，尤以万州表现明显，万州的城市空间与景观特点也是典型的三峡地区城市，城市立体层次丰富，与自然环境交融，建筑在适应地形上，采用了挑、错、叠、落等多种方式，城市空间富有特色[23]。

五、万州区山水城市空间形态演变分析

（一）山水格局下的万州区城市空间形态历史演变过程

1. 清代城市空间形态及其总体布局

万州古城自东汉建城以来直到清代，城市建设的防御职能要求突出，但人口规模小，经济水平不高，城市空间发展需求不足，土地扩张速度较慢。城池建设结合自然地形，临江而建，并选址在地形险要、群山环绕的天生城，城墙围合形成集中"点"式布局，形成天然的防御体系，易守难攻。同时，其选址布局也符合我国古代风水学理论，利于古城空气流通，改善小气候，满足城市地形、交通水运、景观与防御等多重功能。

2. 民国时期城市空间形态及其总体布局

民国时期，万州已成为下川东北、湘鄂西、陕南、黔北等地的重要物资集散地，曾与成都、重庆齐名，有"成、渝、万"之美誉[29]。此时，城市军事防御要求减弱，商贸、交通等因素加大，使得临江需求进一步明显，城市依山傍水，城市空间由"点"扩展到"面"，总体上有沿主要经济发展和交通轴线方向外延的趋势，呈现出集中式的空间形态类型，带状连片发展，形成了以长江北岸为核心，"一轴一带"线性空间布局特征。

3. 三峡移民后城市空间形态及其总体布局

三峡移民后，万州城区逐渐形成分散式的组团状空间形态格局。三峡库区蓄水，万州城区部分被淹，后靠搬迁，适宜建设用地紧缺，城市建设要求新的发展用地。三峡移民后出台了新的城市规划方针，确定了以长江为主轴，形成了三个片区、四个组团及两个工业点的城市空间格局[29]。之后，随着 1997 年万州长江大桥和 2003 年长江二桥的竣工，城市空间形态布局发生进一步变化：城市空间正式向长江南岸发展，形成山水入城，山水城相伴而生，组团式的城市空间形态特征。《重庆市万州城市总体规划（2003—2020 年）》将其城市空间布局具体阐释为"一江两岸、三大片区、八大组团"的片区式组团空间形态。

随着近年来万州区经济产业的快速发展和更新，要求扩展城市规模，因此需要《重庆市万州城市总体规划（2003—2020 年）》进行相应的调整以适应城市的发展。2011 年，重庆市万州区政府对《重庆市万州城市总体规划（2003—2020 年）》做了修改，依然坚持了多中心组团式的空间形态，主要是将城市用地在原来的基础上进行了南北的延伸和扩展，具体布局为"一江四片，一主两副，九大组团"。城市远期将在外围发展部分小城镇（如塘坊镇、高梁镇等），城市空间形态趋向星座式模式（也称母城或卫星城的模式）。

（二）万州区城市空间形态演变规律

由上述演变历程可知，万州区城市空间形态演变规律可总结如下。

1. 单中心集中缓慢发展期

农业经济时代，生产力水平、社会经济缓慢发展，决定了古代城市空间形态发展只能是一个缓慢的渐变过程。万州古城自东汉建城以来，一直以原有形态为基础，城市空间呈现"点"式集中紧凑发展，空间布局和空间形态比较稳定，并呈相对封闭态势。

2. 轴向带状扩展期

民国时期的万州城市经济、社会发展需求增加，要求城市空间外向扩展，由于两面受东西自然山体的严格限制无法扩展，城市可沿着长江、河谷的两端向外延伸，因此形成呈"L"形的带状城市空间形态。此时，空间形态已打破原有形态束缚，由封闭逐渐走向开放式发展，城市空间扩展速度也较快。

3. 多中心组团跳跃式发展期

当城市空间成长到能达到山水自然环境在此区域能提供的最大承载容量的时候（一般是用地条件的限制），持续和快速增加的城市人口或产业将自发地从原中心地域上分散出去，在相距一段距离的地方发展，这时城市外围的居民点或小城市将接纳外溢的人口和产业，形成相对独立的组团或卫星城镇，形成跳跃式发展的组团形态。三峡移民后，库区建设、城市商贸水运等的促进，使万州城市空间形态向分片组团式转变。1997 年万州长江大桥和 2003 年长江二桥的竣工，使得城市开始向长江南岸建设，为一系列城市功能提供了新的空间，打破了原有带状城市空间的结构，形成了多中心、组团式的空间格局。到发展后期，当城市规模不断扩大需要控制时，将以分散的方式在郊外发展卫星城。

总的来说，万州区城市空间形态演变规律不仅具有一般城市的共性特点，而且又具有明显的个性特征。同平原城市由单一核心逐步向外以团状、圈层式的发展演变不同，万州区由于受到山江沟谷的影响明显，城市由点式向带状再向组团式城市空间形态演变，城市空间布局沿城市发展方向、交通轴线和长江两岸扩展延伸，有其发展的独特性和山江城市空间形态的典型性。

六、优化万州区城市空间形态的思考

（一）万州区城市空间形态演变存在的问题

1. 新区开发滞后，老城区功能过度集中

万州江南新区建设虽已颇具成效，但跨江联系依然不够便捷，基本还只是

承担了部分行政和居住的功能，城市的商业、金融、文娱、行政、医疗服务和教育设施等还是集中于以高笋塘为中心的长江北岸旧城区。旧城区依然承受着社会、经济、环境等多方面的巨大压力，建筑密集，道路狭窄，缺少开放性的绿地空间，旧城空间压迫感强，城市空间的优化和复兴阻力大。

2. 移民后靠，生态环境堪忧

三峡地区地形复杂，高差大，加上三峡工程建设后，淹没了大量的土地，许多城镇只能向高地搬迁，加重了原本就脆弱的生态环境的负荷。近年来，由于城市化进程加快，城市建设侵占了部分生态山体绿地等，生态环境容量有限，城市环境问题堪忧，限制了城市发展的用地选择，对城市的空间扩展方向和范围有着重要的影响。

3. 地形限制，交通拥堵

万州区在其独特的山水格局下，加之三峡水利工程建设后城市后靠重建，地形坡度大，可建设土地资源紧缺，城市各组团组合形态呈狭长带状，城市跨组团交通路线长，通勤时间长，交通拥堵。城市跨江、河发展，而库区段长江十分宽阔，桥梁建设成本高，南北两岸必须绕道依靠几座桥梁联系，增加了南北两岸的交通路程，也加重了交通拥堵现象。这对于城市空间形态的优化形成阻碍，影响城市各功能的空间合理布局和紧密联系，造成城市整体空间的混乱。

4. 城市建设中忽略与自然环境的协调发展

万州新的产业园和规划新区正在快速建设中，城市开发强度急剧增加，但城市空间形态缺少对自然山水要素的合理利用与规划，缺乏整体的空间形态控制，城市空间形态与自然生态空间结合不够紧密；三峡库区蓄水后，万州城区周边山地相对高程不大，然而城市建设特别是房地产建设中未能注意适宜控制建筑及各类设施尺度，现状空间形态未能很好地反映区域景观特性；城市建设中江岸线活力空间受损，山地城市整体特有的阶梯式地域特征也不复存在，加上优美的生态山际线遭到破坏，严重影响了城市风貌，不利于城市空间形态的可持续发展。

（二）优化万州区城市空间形态的建议

1. 绿带隔离，组团发展

延续城市绿楔，将绿地楔入城市，保护自然山体和水体，延续其生态隔离作用，避免城市以"摊大饼"形式无序扩张，凸显"组团式"的结构形态；城市的空间发展因地制宜，尊重自然，合理利用自然环境，空间布局与山江格局结合，各组团在自然生态空间中灵活分布并有机联系，各组团内部又应集约紧凑。绿带隔离，组团发展有利于完善城市功能布局，各组团合理分工协作，优化城市整体空间形态；同时也有利于建设绿地生态廊道，形成通风走廊，改善城市小气候。这在万州江南新区建设时得到了很好的实施。

2. 中心带动，规划合理

万州区城市空间形态应结合自然生态环境，坚持"多中心组团式"空间形态、"集中-紧凑式"发展，合理疏散旧城区中心的职能，减缓经济、环境等带来的巨大压力；强化各中心的带动作用及各组团的主体功能，使得各组团有区别、有特色地发展。

城市规划应当注重城市的整体利益，具有长远发展目标，基于当地的特殊自然、社会、经济、文化环境及一定时期内人们的期望，对城市空间布局和发展趋势做出合理安排。科学合理的城市规划对城市空间的扩展有着重要的导向作用，有利于优化城市空间布局，完善城市各功能分区，促进城市有秩序的发展演化。

3. 交通引导，制度保障

城市交通与城市空间形态之间的关系类似"树干"与"树形"的关系，交通是城市的骨架，对城市空间形态的优化发展起了重要的引导作用。因此，应当着力完善城市的交通体系，优化城市路网结构，引导城市空间形态与城市功能、城市组团的融合。由于城市空间形态优化涉及城市组织构造各要素之间的联系，因而只有建立和完善城市空间形态优化的保障机制，将各种建设行为整合到法规化的规划建设管理程序之中，才能对城市空间形态优化实行有效的引导和控制[30]。

4. "山-水-城"模式，内涵式发展

万州区城市空间演化应始终坚持山、水、城、天、人有机融合，城市建设中注重把握空间尺度，坚持与自然环境协调、以人文本的可持续、内涵式发展，做到显山露水，突出山际线和江岸线，建设沿江公共开放活力空间，改善城市风貌，形成独具特色的山水城市空间。城市空间形态演变过程中应当注重协调城市发展与自然环境，优化山水格局，深入挖掘与发扬中国山水文化，保护城市生态山水格局和维护生态环境，做到城市空间发展与生态环境的相对平衡，推动我国生态文明建设和重庆市"美丽山水城市"的发展。

···················· 参考文献 ····················

[1] 重庆市规划局. 构建美丽山水城市[J]. 决策导刊, 2014, 9: 15.

[2] 杨子垒. 感知与真实: 城市意象与城市空间形态关系初步研究[D]. 重庆: 重庆大学硕士学位论文, 2009.

[3] Gauthiez B. The history of urban morphology[J]. Urban Morphology, 2004, 8(2): 74.

[4] Hofmeister B. The study of urban form in Germany [J]. Urban Morphology, 2004, 8(1): 3-12.

[5] 向颖. 国外山地城市空间形态研究——理论与实证初探[D]. 重庆: 重庆大学硕士学位论文, 2014.

[6] 武进. 中国城市形态: 结构、特征及其演变[M]. 南京: 江苏科学技术出版社, 1990.

[7] 张红梅. 重庆市主城区空间形态研究[D]. 重庆: 西南大学硕士学位论文, 2010.

[8] 陈涛. 城市形态演变中的人文与自然因素研究[D]. 北京: 清华大学硕士学位论文, 2005.

[9] 杨超. 1990's 以来青岛城市空间形态演变研究[D]. 济南: 山东建筑大学硕士学位论文, 2010.

[10] 尹长林. 长沙市城市空间形态演变及动态模拟研究[D]. 长沙: 中南大学博士学位论文, 2008.

[11] 段进. 城市空间发展论[M]. 南京: 江苏科学技术出版社, 1999.

[12] 林炳耀. 城市空间形态的计量方法及其评价[J]. 城市规划汇刊, 1998(3): 42-46.

[13] 王剑锋. 城市空间形态量化分析研究[D]. 重庆: 重庆大学硕士学位论文, 2004.

[14] 吴良镛. 关于山水城市[J]. 城市发展研究, 2001, 8(2): 17-18.

[15] 谷春军. 与自然山水相融合的现代城市空间结构形态研究——以西安长安区总体城市设计为例[D]. 西安: 西安建筑科技大学硕士学位论文, 2010.

[16] 周春山. 城市空间结构与形态[M]. 北京: 科学出版社, 2007.

[17] 邹德慈. 城市规划导论[M]. 北京: 中国建筑工业出版社, 2002.

[18] 金伟. 三峡库区城市人居环境建设与管理方法研究——以重庆市万州区为例[D]. 重庆: 重庆大学硕士学位论文, 2002.

[19] 杨帆. 重庆市万州区城市公园绿地系统研究[D]. 南京: 南京农业大学硕士学位论文, 2012.

[20] 重庆市统计局, 国家统计局重庆调查总队. 重庆统计年鉴 2013[M]. 北京: 中国统计出版社, 2013.

[21] 重庆市统计局, 国家统计局重庆调查总队. 重庆统计年鉴 2014[M]. 北京: 中国统计出版社, 2014.

[22] 中新网. 国家统计局: 2013 年中国城镇化率为 53.73%[EB/OL]. http://www.chinanews.com/gn /2014/01-20/5755331.shtml [2014-01-20].

[23] 谭欣. 三峡库区人居环境建设十年跟踪——库区中心城市万州案例研究[D]. 重庆: 重庆大学硕士学位论文, 2006.

[24] 刘宗群. 三峡库区城市万县市的形成、现状和未来[J]. 西南师范大学学报(哲学社会科学版), 1994, (1): 112.

[25] 陈涛. 城市形态演变中的人文与自然因素研究[D]. 北京: 清华大学硕士学位论文, 2005.

[26] 陈玉龙. 义乌城市空间形态演变及优化研究[D]. 杭州: 浙江大学硕士学位论文, 2008.

[27] 曹坤梓. 城市化进程中山地城市空间形态演进与发展研究——以成渝经济带中等城市为例[D]. 重庆大学硕士学位论文, 2004.

[28] 段进. 城市空间发展论[M]. 南京: 江苏科学技术出版社, 2000.

[29] 杨玲. 后三峡万州城市空间结构演变与重构[J]. 重庆建筑, 2014, 13(12): 5.

[30] 尚正永. 城市空间形态演变的多尺度研究——以江苏省淮安市为例[D]. 南京: 南京师范大学博士学位论文, 2011.

A Study on the Dynamic Evolution of the Spatial Form of the Landscape City in the Three Gorges Reservoir Area in Wanzhou

Qin Fangpeng

(National Research Center for Upper Yangtze Economy, Chongqing Technology and Business University, Chongqing 400067)

Abstract: Analyzing and studying the dynamic evolution of urban space form have great significance of promoting the development of urban spatial optimization and carrying out "the beautiful China" and the new urbanization construction. This paper takes the Three Gorges Reservoir Area central city Chongqing Wanzhou District as the study area, analyzes the city spatial form of the natural and social economic factors of Wanzhou District according to the rapid development of the city, the fragile ecological environment, the unique landscape pattern, and the current city space form. It also studies the history evolution of the Wanzhou District spatial morphology, which is the early Qing Dynasty point town to the centralized contiguous development town of the Republic of China. It is obstructed by the mountain river with the expansion of urban scale, so it distributes to cluster development. As various groups are closely related, it becomes more concentrated. The urban size should be scientifically regulated in the future so that small towns surrounding the city as the satellite city in the form of scatter will be developed. Finally, this paper puts forward some suggestions about urban space shape optimization of Wanzhou District, which insists on center driving and developing on group.

Keywords: landscape city; city spatial form; dynamic evolution; Three Gorges Reservoir Area; Wanzhou District

美国特拉华河流域水资源管理探究*

罗志高，刘 勇

（重庆工商大学外语学院，重庆 400067）

摘 要：特拉华河曾经是美国污染最严重的河流之一，现在其水资源可持续利用与供应、水质量、水岸生态系统的良性发展等方面均取得显著改善。其原因包括：特拉华河流域管理委员会的成立及其有效管理、该委员会的水资源规划及其水质提升计划等。

关键词：特拉华河；水资源；管理；规划

一、特拉华河流域概况

特拉华河流域面积为 13 539 平方英里①，分布于宾夕法尼亚州（6422 平方英里，占流域总土地面积的 50.3%）、新泽西州（2969 平方英里，占 23.3%）、

---

*本项目获教育部人文社会科学重点研究基地重庆工商大学长江上游经济研究中心支持（项目编号：1456006）。

作者简介：罗志高（1977—），男，湖北咸宁人，博士研究生，主要研究方向为流域经济与可持续发展。刘勇（1975—），男，四川泸州人，硕士研究生，主要研究方向为经管专业英语。

① 1 平方英里≈2.59 平方千米。

纽约州（2362 平方英里，18.5%）及特拉华州（1004 平方英里，7.9%），此外还包括 782 平方英里的特拉华湾，特拉华湾大约一半位于新泽西州，一半位于特拉华州。1500 多万人口（大约占全国总人口的 5%）的饮用水、农业用水和工业用水来自特拉华河流域水域，但是特拉华河流域只占美国大陆土地面积的 0.4%。在这 1500 万人口中，约 700 万人生活在地处特拉华河流域外的纽约市和新泽西北部，纽约市供水约有一半来自特拉华河支流上的三大水库。

特拉华河流域是美国经济的一大引擎，它为美国第一大（纽约市）和第七大（费城）都市经济体提供饮用水，同时还为世界最大的淡水港提供支持。流域范围内的经济活动主要包括娱乐、水质、供水、狩猎/渔业、生态旅游、林业、农业、空地、玛西拉页岩气和港口经营等，年均产值高达 250 亿美元。2010 年，特拉华河流域生态系统提供的天然产品服务价值高达 210 亿美元，按服务期 100 年计，贴现率为 3% 的情况下，净现值高达 6830 亿美元。

二、特拉华河流域水环境变迁

1940 年，特拉华河污染十分严重，特拉华流域管理委员会将费城和肯顿特伦顿潮汐河称为"美国污染最严重的河流之一"。20 世纪 50 年代，特拉华河入海口被认为是世界上污染最严重的区域之一，夏天含氧量为零。美洲西鲱无法通过费城的零氧屏障区，导致这一本源自此流域的鱼种几乎绝种。

从 20 世纪 60～70 年代起，联邦、州和区域政府发起了多项环境保护计划，使特拉华河流域水质得到大幅改善，污染降低。1961 年，美国总统肯尼迪与特拉华、新泽西、宾夕法尼亚和纽约四州的州长共同签署了一个具有法律效力的《特拉华河流域管理协定》，并成立特拉华河流域管理委员会（DRBC），实现了对流域水资源的统一管理。

2008 年，特拉华流域管理委员会发布了《特拉华河流域现状报告》，该报告对 34 项指标进行了评估，结果表明流域水资源状况为"一般"[1]。在水质方面，该报告指出，总体状况一般，溶氧、营养物和水体清澈度等方面情况良好，不论干流还是支流均能达到相关标准，但有毒物问题依然存在。

现在，特拉华河常年产鱼，还有鱼类洄游产卵。从特拉华河的纽约上游段到特拉华湾，都有秃鹰筑巢常驻，它们以鱼类为主食。如今，在特拉华河的非潮汐和潮汐段，以及两大支流利哈依河和斯库基尔河上都有官方指定可以划船的河道。

流域综合管理就是以流域为单元，将流域上中下游、左右岸、干支流、水质与水量、地下水与地表水、治理开发与保护等作为一个完整的系统，对流域资源进行全面协调、有计划、可持续的开发与管理[2]。而水资源管理是其中的核心内容，所以本文重点研究该流域的水资源管理。

三、特拉华河流域水资源管理与规划

（一）特拉华河流域水资源管理机构

为促进各州之间的合作，消除矛盾，实现对流域水资源的统一管理，1961 年《特拉华河流域管理协定》的签署，标志着联邦政府及美国四个州首次可以作为平等合作伙伴，共同参与流域的规划、开发，实质上突破了对流域实行分行政区域管理的传统管理体制，建立了新流域管理体制的法律基础，也标志着特拉华河流域管理委员会的成立，该委员会组织架构如图 1 所示。

特拉华河流域管理委员会执行部门专设水资源管理部门，且委员会有权按需求将本流域的水资源分配到该协定各签字州或在该协定各签字州内进行分配；对水资源及其规划、利用、保护、管理、开发、控制，以及对所属设施的过水能力、适应能力和最佳利用等方面开展研究，收集、编写、分析、报告和阐释流域水资源及其利用方面的数据，包括但不仅限于水与其他资源的关系、工业用水技术、地下水运动、水价/需求关系及水文条件。

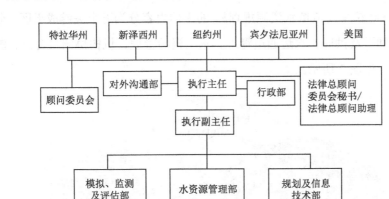

图 1 特拉华河管理委员会架构图

（二）《特拉华河流域水资源规划》 主要内容

1999 年 9 月 29 日，特拉华河流域管理委员会通过一项决议，要求委员会制定新的流域水资源规划，定期编制环境目标和指标报告，组建一个流域顾问委员会。2004 年 9 月，特拉华河流域管理委员会完成并发布《特拉华河流域水资源规划》 （*Water Resources Plan for the Delaware River Basin*）。

《特拉华河流域水资源规划》 是解决和整改特拉华河流域内水资源新问题和历史问题的统一框架。水资源供应和水资源质量的管理不能各自为政，此外，地表水和地下水虽然时空相隔，但属于同一种资源的两个方面。有鉴于此，《特拉华河流域水资源规划》 强调采用综合管理法，即要求在决策中考虑到水资源的各个方面。反过来，综合管理法意味着一系列的决策都会影响到水资源。河流使人们地理相隔，但却彼此相连，这正是《特拉华河流域水资源规划》 出台的一个重要前提。《特拉华河流域水资源规划》 确定了未来30 年制定政策和管理决策必须遵循的方向，政府部门、私人机构等组织和个人在制定政策、决策和确定优先措施时，都要以《特拉华河流域水资源规划》 为指导。

《特拉华河流域水资源规划》 第一部分内容是为水资源管理提供依据的一

系列"指导原则"，政策变更及实施"规划目标"的行动必须根据指导原则进行评判。《特拉华河流域水资源规划》 的主体内容分为五个关键成果区，分别是可持续利用及供应、水运通道管理、水土资源管理、机构协调与合作、教育管理参与，如图 2 所示。

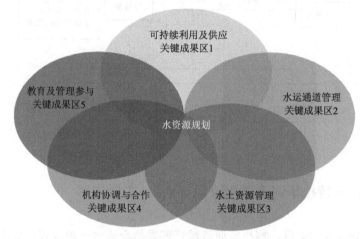

图 2 　《特拉华河流域水资源规划》 五大关键成果区

　　五大关键成果区虽然各不相同，但却密切相关，关注五大关键成果区对改善水资源管理至关重要。整个《特拉华河流域水资源规划》 都贯穿着综合管理的理念，综合管理有助于刺激对大量替代选择的开发，比传统单一的资源管理更具成本效益。《特拉华河流域水资源规划》 提供了一个框架来说明流域管理诸方面相互关联，特别是水资源与土地资源密切相关，同时也将实现特拉华河流域共同愿景的所有措施整合起来。

（三）《水利法典》

　　《水力法典》（Water Code）确定了特拉华河流域管理委员会的相关职权，具体如下：

　　与协定授予委员会的职权有关的所有联邦、州或地方工程等，应与特拉华河流域管理委员会协商后进行规划。此外，所有项目必须纳入《特拉华河流域综合规划》方可使用或投入资金开展建设、采购或运营。任何人、企业或政府机构未经委员会批准，不得实施对流域有重大影响的任何项目，此种项目不实质性影响或违背《特拉华河流域综合规划》的，委员会应予以批准，但委员会认定此种项目实质性影响或违背《特拉华河流域综合规划》的，可予以否决。

在水资源保护方面，《水力法典》对八个方面做出明确规定，包括减少用水、新老用水户、规划、干旱期间减少耗竭性用水、管道家具配件水保护性能标准、漏水检测和维修、鼓励保护的零售水定价、水审计。

在水资源分配方面，《水力法典》明确规定特拉华河流域管理委员会在各州之间分配流域水资源时，应遵循公平分配的原则。在旱情紧急时期，用水分配应优先考虑关系居民生活、健康和安全的领域，然后再考虑牲畜饲养的用水需求。此外，该法典还规定在"正常""干旱预警"和"干旱"等状况下，各州在分流、水库放水和流量控制方面应该如何协调操作。例如，在全流域遭遇干旱的情况下，利用弗朗西斯·尤金·沃尔特、普龙普顿、贝茨维尔、蓝沼泽、纳克米克逊、瓦伦坡派克湖、蒙高普各市的水力发电水库对纽约市水库进行干旱管理操作。瓦伦坡派克湖还可以在"干旱预警"工作期间对纽约市水库进行干旱管理操作。

《水力法典》在第三章确定详尽的流域水质标准，还可对防止流域未来水污染和消除现有水污染行使管辖权。污染控制标准应为，在签约州境内发生的污水排放或工业废水或者其他废水引起的污染不得对《特拉华河流域综合规划》中规定的流域水资源产生不利影响。在听证会后，委员会可以对流域水资源进行分类，并根据此分类确定污水、工业废水或其他废水的处理标准，包括对地表水和地下水可变因素的修正值，如受影响水域的溪流、水流运动、地点、特性、自然净化及利用。在所述调查、通知及听证会后，委员会可以制定并随时修改和废除规则、法规及标准，以控制所述的未来污染并降低现有污染，同时要求在必要工程建设所需的合理时间内进行污水、工业废水或其他废水的处理，这有利于践行《特拉华河流域综合规划》中规定的保护公共健康或节约流域用水资源。

四、联邦政府的水资源提升项目

1. 健康社区及健康环境基础

环境质量委员会以及美国环保署、陆军工程兵团、农业部、内政部于 2011 年 4 月共同发布了"健康社区及健康环境基础"。这是旨在保护并恢复国家水资源的计划，它包含对《清洁水法案》管辖权指南草案的更新，以及联邦政府水资源投资原则及指导方针，预测了即将面临的挑战，如供应资源的衰减、土地及水域的断裂、鱼类及水生生境的流失，以及气候变化，等等。联邦四大机构的公共水资源目标为：确保水质及公共健康、促进新型合作关系、通过重建水道加强社区及经济建设、促进节水社区建设、增加娱乐用水、更新水利政策、更好地利用水利技术。

2. 水资源智能利用计划

由美国国会制定的水资源智能利用计划旨在解决人类、经济和环境当前及未来水资源可利用性问题。特拉华河流域用以开发并测试相关方法，以将供水特色化。流域内的降雨/径流模型将会被开发出来，以用于评估未来水资源及土地资源如何利用的问题。气候条件也很影响流域内的流速及流水量，美国地质调查局将因此提出生态需求。同时，特拉华河流域管理委员会也将编制商业用水、工业用水及农业用水的预算，12 个水文单位法规也将编制月度数据。

3. 灵活流量管理计划

"特拉华河全流域诚信协议"的当事各方，即流域内四大州及纽约市达成一致，签署了《灵活流量管理计划》，以满足供水需求，保护纽约市水库下游区的鱼类栖息地，预防洪灾并维持特拉华河现有的盐水线。根据《灵活流量管理计划》以及国家气象局对流入量的预测，应在热带风暴等来临之前应进行水库排水。

五、结　语

特拉华河流域管理委员会的成立是该流域水资源管理卓有成效的根本原因，其流域水资源管理立法是有效保障；其后，特拉华河流域管理委员会对流域水资源进行了有效管理和规划，并实施了一系列水质提升计划，从而使得"美国污染最严重的河流之一"现在鱼类密布、水质达标。

党的十八大提出建设"美丽中国"，2015年9月11日中央政治局会议又通过了我国生态文明体制改革顶层设计，目前我国高度重视生态文明建设。长江流域、珠江流域、环渤海区域、黄河流域等流域覆盖了我国绝大部分国土和人口地区，其水资源管理相应地成为我国生态文明建设的重要内容。美国特拉华河流域水资源管理和提升计划对我国水资源管理和生态文明建设有很好的借鉴意义。

························· 参考文献 ·························

[1] DRBC. State of the Delaware River Basin[R]. 2008.
[2] 王晓东，钟玉秀. 流域管理委员会制度——我国流域管理体制改革的选择[J]. 水利发展研究, 2006, (5)：7-11.

A Study of Delaware River Basin Water Resources Management in USA

Luo Zhigao, Liu Yong

（School of Foreign Languages, Chongqing Technology and Business University, Chongqing 400067）

Abstract: Ever as one of the most contaminated river, Delaware Basin has become prominent in such aspects as sustainable utilization and supply of water, water quality, and sustainable development of bank ecologic systems, due to the following factors like the establishment of Interstate Water Resources Management Commission for Delaware Basin, the commission's water quality programs and effective regulations for water resources.

Keywords: Delaware Basin; water resources; management; planning

浅析德国对莱茵河流域的保护与开发*

汪越骐[1]，罗志高[2]

（1 重庆工商大学外语学院，重庆 400067；2 重庆工商大学长江上游经济研究中心，重庆 400067）

摘　要：莱茵河被称为德国的"命运之河"，德国 60%以上的工业都集中在莱茵河流域经济带上，沿河有多个都市圈。德国对莱茵河的保护与开发整体策略是：航运优先、因地制宜、河流整治与流域经济开发并重、港口城市建设与产业布局紧密结合。莱茵河沿岸工业带具有"点—轴—面"的开发模式和航运开发带动现代物流网络建设的开发特色，德国对莱茵河的开发与保护经验可为我国长江经济带发展提供经验与借鉴。

关键词：德国；莱茵河；保护；开发

一、莱茵河——德国的"父亲河"

"缓缓流过西欧平原的莱茵河，它从战争的血火与和平美景交织的历史尘烟

---

*基金项目：本项目为教育部人文社会科学重点研究基地重庆工商大学长江上游经济研究中心开放项目"国外典型流域管理案例研究"（项目编号：1456006）。

作者简介：汪越琪（1978—），女，汉族，浙江宁波人，硕士研究生，主要研究方向为专业法语。罗志高（1977—），男，汉族，湖北咸宁人，博士研究生，主要研究方向为流域经济与可持续发展。

中穿越而来。它隐忍坚毅，它激越咆哮……它书写着这块土地上人民的性格，它承载着德意志民族的光荣与耻辱，梦想与血泪。它是属于这块土地的灵魂，它是属于德国的河。"[1]

莱茵河被称为德国的"父亲河"，是德国境内最长的河流，也是仅次于伏尔加河和多瑙河的欧洲第三大河，全长 1320 千米，在德国境内有 867 千米，沿途风景最美的一段在中游的莱茵河谷段，从美因茨到波恩间。这一段莱茵河进入了山区和峡谷地段，河道变得曲折，水流湍急。两岸风光之美令人目不暇接，一处处如诗如画的中世纪古罗马风格城镇，大片大片碧绿的葡萄园，几乎在每一处山坡、高地上都能看到一座座傲然屹立的古城堡。

"莱茵"，在公元前 4 世纪居住在这里的凯尔特人的语言中，是"清澈明亮"的意思。但是，第二次世界大战结束后，随着德国开始了大规模的重建工作，大量的取水排污，使莱茵河承受了不能承受之重，不仅河水水质急剧恶化，而且周边生态也遭到几乎是毁灭性的破坏。在莱茵河污染最严重的 20 世纪 70 年代，其河水闻上去有"一股苯酚的味道"。70 年代初，自美因茨至科隆这段约 200 千米的莱茵河段中，鱼类完全消失，局部地区水中溶解氧几乎为零。后来，在多方共同努力下，经过长期的艰苦治理，莱茵河在走过了半个世纪的"先污染、后治理"的弯路之后，如今才又成了一条"活生生"的河。

莱茵河被称为德国的"命运之河"。德国境内的莱茵河流域面积达到德国国土面积的近三分之一，而且同时流经德国几个最重要的工业区（如鲁尔区），不仅要为近千万的人提供饮用水，而且还担负着繁重的内河运输、灌溉等任务。及至德国近代的工业成就，也是通过莱茵河运送煤矿、钢铁等工业重要矿产，可以说莱茵河对于德国历史成就的推演实在是功不可没。

二、德国对莱茵河流域的保护与开发

德国是莱茵河的主要径流国，莱茵河在德国境内长度达 867 千米，通航里程 719 千米（其中包括德国—法国边境 185 千米，德国—瑞士边境 17 千米）。德国 60% 以上的工业都集中在莱茵河—鲁尔、莱茵河—美因茨、莱茵河—内卡河等流域经济带上，并打造出多个沿河都市圈。德国对莱茵河的保护与开发整体策略是：兴利除弊、航运为先、因段制宜、多方兼顾，河流整治与流域经济开发、港口城市建设与产业布局紧密结合、融为一体。整治开发中从宏观规划到具体项目实施，处处体现着日耳曼民族的严谨、极致，寓高雅于质朴，寄精微于粗放的传承。

（一）绿色开发——可持续发展之路的开发理念

18 世纪中叶，莱茵河已经是欧洲航海工业的重要基地。随后由于航运和煤炭资源的开发，莱茵河沿岸成为重要的传统工业基地。但到 20 世纪 50 年代中期，莱茵河流域传统工业逐渐失去竞争优势，环境污染问题也日趋严重，引发了民众的强烈不满。为综合治理沿岸环境，重振莱茵河流域经济，70 年代由德国政府主导，对该区域经济进行重新规划和结构调整，一方面大力治理污染，另一方面推动沿岸产业从重工业向轻工业和新兴产业转型升级，最终使莱茵河和流域经济重现清洁和富庶，从而完成了全球最具现代化的流域经济的转型。昔日"雾霾笼罩""不见天日"的德国鲁尔区，经过发展循环经济，推动产业结构调整，如今基本实现了零排放。

德国在大河治理建设过程中高度重视处理开发与保护的关系，特别是 20 世纪 60 年代中后期"绿党"作为一支政治力量出现后，对政府环境生态政策带来了巨大的压力，施罗德政府"红绿灯"内阁环境部部长的位置非"绿党"人士莫属。从 70 年代初以来，德国耗费数百亿美元的巨资完成了莱茵河河水还清工程。生活垃圾分类袋装集中处理、垃圾焚烧发电、"循环经济"等是德国人的首创，磁悬浮列车技术也是德国研究出来的（但第一条商业营运线不是在德国而是在我国上海）。工业污染和居民生活污染同时并举两手抓，凡是有居民点的地方都建立污水处理设施。土地复垦、物资再生受到高度重视，政府、院校的公文大都使用再生纸。在鲁尔区，煤矸石堆积如山曾是一大公害，德国人想办法使之成为人造假山，铺上草、植上树，景观为之一改。[2]

莱茵河是目前世界上管理得最好的一条河之一，莱茵河的管理者和流域有关国家没有因此而止步不前，而是筹划着莱茵河未来的宏伟蓝图。早在 2001年，在法国斯特拉斯堡，莱茵河流域国家部长级会议就通过了《莱茵河 2020计划》。这一面向 2020 年莱茵河流域可持续发展的计划，旨在改善莱茵河流域生态系统，改善洪水防护系统，改善地表水水质，保护地下水。最终，这一计划给莱茵河带来了光明的前景。[3]

（二）莱茵河沿岸工业带"点—轴—面"的开发模式

"欧洲工业心脏"——鲁尔区是莱茵河沿河工业带开发"点—轴—面"模式的典范。在整个莱茵河流域，港口城市的"点"是经济区、经济带的"成长核"；线型基础设施(内河网、公路、铁路、管线等干支网络)是成长核，成为经济区、经济带的躯干，其中内河网是起步基础；产业在点上集聚，沿轴线和网络扩散形成经济带和经济区的"面"。先有点，还是先有轴，是一个互为因果、循环积累的问题，特色资源禀赋(在鲁尔区是煤炭)是基础，后发偶然因素则起着激活和放大作用。[4]

作为城市行政管辖和区域规划单位的鲁尔区，包括莱茵河左岸平原（西边线）和莱茵河支流鲁尔河（南边线）及利伯河（北边线）之间的地区，所有城市基本上都是沿河的，或者是沿公路、铁路，沿河的同时也沿公路和铁路。两个区域合成"莱茵—鲁尔"工业区，是德国工业化和战后经济的复兴基地。

鲁尔区起家，一靠煤炭，二靠莱茵河与鲁尔河，从小煤窑干起，发展到现代工业基地。硬煤炼焦，褐煤发电，进口铁矿石，从煤炭产业延伸到电力、钢铁、冶金、机械制造、建材和煤化工产业链，形成运量大、耗水量大的重化工业集聚。莱茵河是鲁尔区外联南北向和西部的出海水运大动脉，也是区内的主航道，多特蒙德—埃姆斯运河是鲁尔区东部出海通道，莱茵—赫尔内运河、利伯支运河是鲁尔区内部东西联系线和东西两面出海纽带，鲁尔河因煤田北移失去了开发初期的航运价值，变成了休闲郊游的好去处。

20 世纪 50 年代末开始，中东廉价石油的开采对鲁尔区以煤为基础的单一重型经济结构造成了巨大的冲击。联邦政府为鲁尔区结构的多样化和轻型化调整进行了巨大努力，投入了可观的财政资金。政府干预有三个重点：一是对轻纺、汽车、电子、石油化工等部门迁移到鲁尔区发展的给予优惠；二是对煤炭开采和钢铁两大支柱产业进行以集中化和合理化为目标的再调整和重新布局；三是发展教育、文化和第三产业。在结构调整过程中，发达的交通运输及其他基础设施发挥了巨大作用。例如，鲁尔区钢铁和冶金业本来分布在东西两端，经过调整重心西移，东端的多特蒙德及其往西的波鸿、埃森等经济结构明显轻型化，已经成为新型的大学城市。

杜伊斯堡作为鲁尔区水陆运输枢纽（陆路：意大利—瑞士—荷兰南北铁路干线和伦敦—巴黎—阿姆斯特丹—柏林—华沙—莫斯科东西铁路干线的交叉点、编组站；欧洲 3 号高速公路、联邦 1 号和 42 号高速公路交叉点）和莱茵河航道中轴线上的咽喉，对鲁尔区的发展和崛起起到了成长极的决定性作用，其自身也因鲁尔区的崛起而成为世界第一大内河港。交通枢纽必然是工业集聚中心，杜伊斯堡集聚了联邦德国原钢生产的 40%、生铁生产的 47%、轧钢的 39% 和煤炭外运的 13%。铁矿石北来自瑞典、西南来自法国洛林和比利时，更远的来自利比里亚和巴西，先用大吨位巨轮运抵鹿特丹，在鹿特丹转驳顶推船队，直接运卸到建在莱茵河边的钢铁厂高炉旁，运费之节省不言而喻。杜伊斯堡本身就是巨大的钢铁消费中心，以矿山成套设备制造、钢结构成套制造为核心的机械制造业高度集中，德国最大的机械工业制造商德马克公司大本营就在杜伊斯堡港，机械制成品又成为杜伊斯堡港外运的主要货源。

除了杜伊斯堡，其他中心城市也成为德国制造业跨国公司大本营云集之地，如蒂森克虏伯、曼内斯曼、费巴、莱威电力、拜耳化工、欧宝汽车、汉高精细化工等。

尽管城市众多，德国莱茵河流域城市圈的一大特点是多中心均衡发展。具体来说，莱茵河流域中心城市规模差别不大，特大型城市极少。整个德国超百万人口的城市也就只有柏林、汉堡、慕尼黑、科隆。这一城市圈发展模式的优点在于各中心城市致力于发展具有自身特色的功能，而不是一味地求大求全。

市场经济加上发达的交通运输体系，导致生产要素高度流动化和市场信息高度透明化，地区封闭和市场保护难以形成。于是，各城市之间善于也愿意借助和利用其他周边城市的功能来弥补自身的不足。因此，城市和经济区之间的合作多于相互竞争，产业和城镇体系相对均衡，这也是德国莱茵河流域经济区与法国和英国以大巴黎和大伦敦为特大中心城市的非均衡发展的最大不同之处。[5]

（三）航运开发带动现代物流网络建设的开发特色

欧洲的航运系统较为发达，多瑙河、内卡河、易北河、莱茵河之间通过运河构成自黑海至北海之间的航运网络，其中尤以莱茵河最为繁忙。德国有 7500 千米内河航运线，2010 年航运运输量达到 1.6 亿吨，占全国运输量的 29.2%（总量为 5.48 亿吨），其中莱茵河占全国航运量的 75%，为德国最为繁忙的水道。[6]

事实上，由于莱茵河是国际河流，统一治理莱茵河并不仅仅是德国的事。而列国对于莱茵河的开发利用远在德国统一之前。

从 18 世纪以来，莱茵河两岸各国城市通过不断修筑堤坝、整治岸线、疏浚河道、开挖运河，对河水资源进行了系统整治和综合开发，使莱茵河的航运条件不断得到改善，成为德国的运输网骨干，以及瑞士、法国东部地区的重要外出通道，并与下游的若干运河连接，形成了干支通达、河海港口相连、运输网纵横交错的航道网。1816 年，根据维也纳会议结果，"莱茵河航运中央委员会"在德法边境的斯特拉斯堡成立，开始了莱茵河沿岸列国统一开发莱茵河之路。至今，"莱茵河航运中央委员会"共有五个成员国：荷兰、比利时、德国、法国和瑞士。在国际公约和中央委员会的制约、管理之下，莱茵河上可以看到飘扬着各国国旗的客货轮熙来攘往，畅行无阻。这便是统一治理的好处，国与国之间的关税壁垒不复存在，边贸互市也非常发达。最值得借鉴的是，开发利用中的地方保护主义被打破，很好地避免了很多不必要的麻烦，增强了各国的经济联系，提高了运输效率。

当然，处理问题既要做到统筹兼顾，又要做到具体问题具体分析。一方面，德国在中央委员会的协调下大力发展莱茵河航运，通航里程达到 719 千米；另一方面，德国大力建设莱茵河内河航运网，通过疏浚河道、沟通运河，形成点线面结合的、全面的、综合的水运系统，为工业建设提供了极大便利。在此基础上，因地制宜，形成了鲁尔区、波恩—科隆等沿岸城市带。各大城市带、工业区通过发达的内河航运联结为一体，形成德国经济的强大推动力。

为了充分开发和利用莱茵河的航运价值，德国政府可谓煞费苦心。实现江海联运，内河航运网自不必说，此外，德国政府还努力沟通莱茵河与多瑙河，开发新的腹地。再者，为了提高莱茵河通航能力，德国政府尝试了多种方法改善航道状况。1817 年的"图拉整治"将河道裁弯取直，使得鲁尔区的货轮可以到达瑞士的港口。1871 年俾斯麦统一德国后，为加强全国经济联系，加速推进工业化进程，展开了浩繁的交通运输系统工程建设。在内河航道网建设方面，从 1895 年基尔运河通航，到 1938 年终运河竣工，前后历时 40 余年，天然河流基本实现渠化，基尔、吕卑克和中德三大人工运河沟通了易北河、威悉河和埃姆斯河，哈弗尔运河连接了中德运河与柏林水网，脉络遍布全德国的内河航运网已经粗具规模，把各大工业区域与出海门户汉堡港连接了起来。第二次世界大战使德国内河航道网遭到严重破坏，1270 座桥梁被炸毁 968 座，3750 艘商船被击沉河底，航道阻塞，近乎瘫痪。更严重的是，国家分裂大大削弱了原先以东西向为主轴的内河航道网功能，出海门户汉堡港离边境线 30 多千米，几乎丢失了全部位于民主德国境内的易北河流域的传统经济腹地。经过战后初期条件极其艰苦的恢复重建，德国开始步入内河航道网的集约化建设阶段。

集约化建设有三大目标：一是实现内河航道网从原东西向主轴到以莱茵河谷走廊为主轴的南北向易位；二是实现航道网与另一条欧洲大河多瑙河的通航，为汉堡港开拓新腹地；三是改善航道状况，提高过船能力。

大力发展水陆联运也是莱茵河开发的重要工程，如加强鲁尔区和汉堡港的水陆联系。第二次世界大战以后，特别是在 20 世纪五六十年代，沿岸各国掀起了高速公路的建设热潮，从而形成了沿莱茵河两岸的高速公路运输网络体系。与此同时，各国进一步对铁路和内河航运进行改造。铁路方面，通过改进机车、增加电气化铁路里程、提高运输效率，使其成为大宗货物的主要通道；内河航运方面，通过整治河道、修建船闸、改进港口设施，使其进一步发挥莱茵河通航的水运优势。1990 年，德国统一后，联邦政府大力建设东部的基础设施，现已形成发达的公路、铁路、内河航运网络，大大地加快了德国东部地区的现代化、工业化进程，缩小了东西部的差距。

除此以外，德国的远程输油管道、输气管道及欧洲电力系统干线也沿莱茵河分别向南北延伸，与莱茵河内河航运、铁路、公路一起构成莱茵河经济区域的复合型发展轴，把北部荷兰境内河口密集产业区、作为"德国与欧洲心脏"的鲁尔工业区、中部的"莱茵—美茵工业区"和南部的"路德维希—曼海姆—海德堡"工业区连接起来。由此，形成公、铁、水、管道整体衔接和贯通的综合物流网络体系。

为了缓解机动化程度不断提高给城市带来的交通与环境的压力，特别是控制载重汽车对环境与生态的负面影响，德国政府提出"长距离运输以铁路、水路为主，两头的衔接与集疏以公路为主"的物流发展战略，因而大力培育和建设货运中心成为战略实施的重要环节。为此，德国先后兴建了 40 多个货运中心，其中相当部分都位于拥有发达综合交通网络的莱茵河沿岸。货运中心的兴建，对于莱茵河沿岸的传统产业如煤炭业、钢铁业等产生了极大的推动作用，机械、汽车、电子、仪器仪表等新兴工业也获得了较大的发展。与此同时，货运中心的兴建也带动了相关产业如货运、仓储、集疏运等的发展，促进了金融、通信、保险、维修等第三产业的繁荣，为区域经济发展培育了新的增长点。

三、结　语

从国际经验看，现代工业化的历史都是由沿海地区先发展起来，然后沿内河而上开发，这是普遍的经济规律。德国在其现代化进程中，把莱茵河流域经济的开发作为战略重点，通过兴建水利工程充分挖掘沿江沿河流域巨大的能源蕴藏量，依托水源、土地及其他自然资源打造具有一定规模、分工合理、陆海联动、互补互给的产业密集带，从而带动整个流域的经济发展。

"以人为鉴，可以明得失；以史为鉴，可以知兴替。"德国经济发达地区莱茵—鲁尔区的发展模式是比较成功的，由于长期实行"区域可持续发展"的原则，不仅本区工业、城镇高度发达，而且目前的区域生态环境优美的现状是值得我们学习和借鉴的[7]。德国莱茵河流域经济开发的国际经验告诉我们：首先，要建立强有力的流域管理机构，科学论证并制定整个国际河流流域区统一的管理规划和多层次的流域协调机制，高度重视立法工作，形成完备的法律和标准体系，特别是在船型和航道的技术标准方面。其次，要重视河流的综合开发和全面治理，树立"大交通"观念，形成以江河为干、陆路为支的立体综合交通体系，打造对外开放新通道。再次，沿江沿河开发不仅仅是对于水资源、水环境的开发与管理，更要促进沿江沿河流域产业带的形成，实现"以城市为依托，干流为轴线，扩及腹地的点轴面"的流域经济发展模式。最后，要发挥政府、地方和公众的合力，"开发、保护两头抓"，推动生态环境保护，发展旅游休闲产业，走绿色开发可持续发展之路。

长江作为我国的"黄金水道"，开发长江的航运、能源价值的重要性是不言而喻的。目前，长江经济带以中国工业、经济最为发达地区之一——长江三角洲为龙头，依托黄金水道，其自然条件非常优越。并且，由于长江经济带具有广阔的经济腹地和潜在的国际贸易资源，一旦发展起来，必能像莱茵河流域那样，成为中国经济发展的"明日之星"。

·························· 参考文献 ··························

[1] 费弗尔. 莱茵河：历史、神话和现实[M]. 许明龙译. 北京：商务印书馆, 2010.

[2] 董哲人. 莱茵河. 治理保护与国际合作[M]. 郑州：黄河水利出版社, 2005.

[3] 沈秀珍, 张厚玉, 裴明胜. 莱茵河治理与开发[M]. 郑州：黄河水利出版社, 2004.

[4] 邸文. 莱茵河：走近德意志[M]. 郑州：黄河水利出版社, 2007.

[5] 周刚炎. 莱茵河流域管理的经验与启示[J]. 水利水电快报, 2007, (05):28-31

[6] 高立宏. 莱茵河 2020 计划：着眼未来流域可持续发展[J]. 中国水利报, 2005, (04):1-4.

[7] 姚士谋. 中德经济发达地区城乡一体化模式比较——以长江三角洲与莱茵河下游地区为例[J]. 人文地理, 2004, (02):26-29.

A Study about Protection and Development of the Rhine River in German

Wang Yueqi[1], Luo Zhigao[2]

(1 School of Foreign Languages, Chongqing Technology and Business University, Chongqing 400067; 2 National Research for Upper Yangtze Economy, Chongqing Technology and Business University, Chongqing 400067)

Abstract: The Rhine River is known as the Father River of Germany, along which 60% of German's industry are distributed. The comprehensive principle by which Germany protects and makes use of the Rhine River is "shipping industry first""adjusting development measures to each reach""equal attention to restoration and development""combining port city development and industry distribution". The industry belt along the Rhine River has the characteristic of spot-axis-plane development and shipping-driving logistics network development. The experience from what German has done to develop and protect the Rhine River is of great significance for Yangtze Economic Belt development of China.

Keywords: Germany; the Rhine River; protection; development